DEILEN GOCH
a storïau eraill

(Rhai o chwedlau'r Indiaid Cochion, wedi eu haddasu ar gyfer plant 8—10 oed)

EMRYS ROBERTS

Darluniau gan Siân Davies

Gwasg Gomer
1987

Argraffiad Cyntaf—Awst 1987

ISBN 0 86383 323 3

ⓗ y testun: Emrys Roberts, 1987 ©

ⓗ y darluniau: Siân Davies, 1987 ©

Cedwir pob hawl. Ni ellir atgynhyrchu unrhyw ran o'r cyhoeddiad hwn na'i gadw mewn cyfundrefn adferadwy na'i drosglwyddo mewn unrhyw ddull na thrwy unrhyw gyfrwng, electronig, electrostatig, tâp magnetig, mecanyddol, ffotogopïo, recordio, nac fel arall heb ganiatâd ymlaen llaw gan y cyhoeddwyr, Gwasg Gomer, Llandysul.

Dymuna'r cyhoeddwyr gydnabod cymorth a chyfarwyddyd Adrannau'r Cyngor Llyfrau Cymraeg a noddir gan Gyngor Celfyddydau Cymru.

Argraffwyd gan J. D. Lewis a'i Feibion Cyf.,
Gwasg Gomer, Llandysul, Dyfed

I blant Ysgol Penrhyndeudraeth

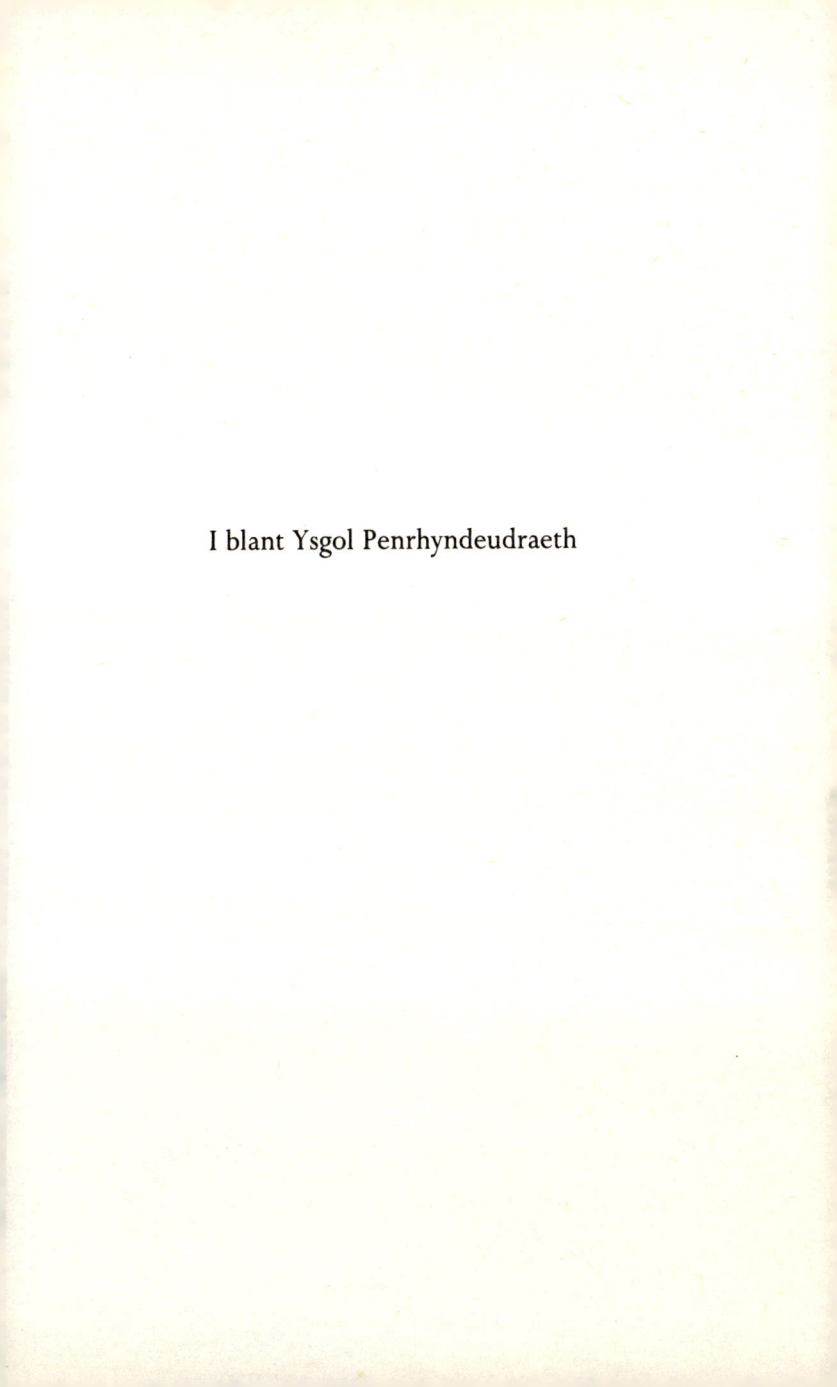

Cynnwys

	Tud.
Y Ceffylau Bach	9
Y Llyn Rhyfedd	14
Nant yn y Tywod	20
Ictomi	26
Y Fasged	31
Opo	36
Yr Indiad Cryf	41
Tân	48
Niagara	55
Neidr yr Enfys	61
Glwscap	66
Dwyn yr Haul	72
Gwynt y Gogledd	78
Twrch Daear	83
Deilen Goch	89
Tywydd Braf	95
Y Cawr Hyll	101
Y Gath Wyllt	108
Llyncwr y Cwmwl	113
Cato a Wabi	119
Lili'r Dŵr	125
Casur	131
Yr Alarch Piws	136
Y Bêl Gopr	142
Triciau Wihio	148

Y Ceffylau Bach

'Ga i rywbeth i'w fwyta?' gofynnodd y bachgen bach i'r plant eraill.

'Na chei wir, neu fydd yna ddim digon i ni,' oedd yr ateb.

Doedd yr hogyn hwn ddim yn gallu cerdded. A dechreuodd y plant chwerthin am ei ben.

'Ha, ha! Does neb mor fach ac mor wan â thi yn holl wlad yr Indiaid,' ebe un ohonyn nhw.

'Does gen ti ddim tad na mam i dy gario di ar eu hysgwyddau pan fyddwn ni'n mynd i hela'r beison, i gael cig i'w fwyta,' meddai un arall.

Rhedodd pob un oddi wrth y bachgen i chwarae, gan ei adael yn unig. Ni allai eu dilyn gan fod rhywbeth o'i le ar ei goesau.

Drannoeth, roedd hi'n fore braf o wanwyn. Yn sydyn, clywodd y bachgen sŵn carnau cannoedd ar gannoedd o feison yn y pellter. Roedd fel sŵn afon fawr yn dod i lawr o'r mynydd.

'Hwrê,' meddai un o'r Indiaid Cochion, 'fe gawn ni helfa dda heddiw. Bydd digon o gig i'w fwyta dros y gaeaf. A digon o grwyn i'n cadw'n gynnes.'

Roedd y pentre'n gyffro i gyd a'r dynion cryfaf eisoes wedi dechrau rhedeg ar ôl y beison hefo bwâu a saethau. Yna cychwynnodd y lleill, a'r cŵn yn cyfarth o'u cwmpas.

'Dewch blant, i weld eich tad yn dal beison!' gwaeddodd un o'r mamau.

Brysiodd y teulu ar ôl y dyn. Ac roedd hyd yn oed yr hen Indiaid wedi codi ac yn paratoi i ddilyn y lleill. Cerdded neu redeg yr oedd pawb. Doedd yna ddim ceffylau gan yr Indiaid yr adeg honno. Cyn hir, nid oedd neb ar ôl yn y pentref ond y bachgen bach amddifad.

'O, mi hoffwn i fynd hefo nhw i hela,' meddai wrtho'i hun.

Ond roedd mor fychan a gwan fel na allai symud bron. Buasai wedi marw ers talwm oni bai fod yr Indiad pwysicaf yn y lle yn rhoi ychydig o gig a dŵr iddo weithiau. Y pennaeth oedd enw'r gŵr pwysig yma. Gwelai'r bachgen o yn y pellter, yn arwain yr Indiaid tuag at y beison. Roedd pob man yn dawel, dawel fel ysgol ar ôl i'r plant fynd adref. Teimlai'r hogyn bach yn unig ac yn ofnus iawn. Dechreuodd grio. Ond doedd neb i wrando arno. Edrychodd ar y dagrau'n disgyn ar y llwch wrth ei draed. Yna'n sydyn, clywodd lais o rywle.

'Paid â thorri dy galon,' ebe'r llais, 'dos i chwarae.'

Edrychodd y bachgen o'i gwmpas. Ond ni allai weld neb. Er hynny, dyma fo'n ateb:

'Fedra i ddim chwarae. Rydw i'n rhy wan i gerdded bron, heb sôn am redeg a neidio.'

'Ond gelli wneud rhywbeth hefo dy fysedd,' meddai'r llais.

'Pwy sy'n siarad, tybed, a be alla i 'i wneud hefo fy mysedd bach gwan?' gofynnodd iddo fo'i hun.

Edrychodd i lawr ar y llwch. Roedd ei ddagrau wedi dechrau ei droi'n llaid.

'Mi wna i gi bach hefo'r llaid yma,' meddai wedyn.

Anghofiodd yr hogyn bach amddifad ei fod yn unig. A dechreuodd ei fwynhau ei hun.

'Syniad da ydi gwneud model o gi,' ebe'r bachgen. 'Bydd yn gwmpeini i mi nes daw'r pennaeth yn ei ôl o hela'r beison.'

Ond roedd rhywbeth rhyfedd yn digwydd. Ni allai yn ei fyw wneud pedair coes fach ddel i'r ci. Roedd y coesau fel pe baen nhw'n tyfu a'r traed yn troi'n garnau. Ac roedd y pen yn rhy hir o lawer i fod yn ben ci. Ac o ble daeth y gwallt hir fel mwng beison, a'r clustiau hir? Methai'r bachgen wneud cynffon fer i'r ci hefo'r llaid hefyd. Beth tybed oedd wedi digwydd? Pa anifail rhyfedd oedd ei fysedd gwan wedi ei wneud? Doedd o erioed wedi gweld creadur tebyg i hwn o'r blaen.

'Mae'n union fel pe bai rhywun arall yn symud fy mysedd, ac yn gwneud yr anifail dieithr yma,' ebe'r hogyn wrtho'i hun.

'Twt, twt, hen lol ydi hyn. Mi gymera i fwy o amser i wneud ci iawn,' meddai wedyn.

Ond yr un math o anifail a wnaeth yr ail dro.

'Da iawn ti!'

Dychrynodd y bachgen. Roedd y llais wedi dod yn ei ôl. Gwrandawodd arno'n siarad hefo fo eto:

'Paid â dychryn. Y fi sy wedi dy helpu. Ceffyl ydi enw'r anifail newydd sbon yna.'

'Ond dydi'r ddau degan bach yma'n dda i ddim,' meddai'r hogyn.

'Fe alla i wneud iddyn nhw ddod yn fyw!' ebe'r llais.

'Dod yn fyw?' holodd yr Indiad bach mewn syndod.

'Ie, ac wedi iddyn nhw dyfu, fe elli di fynd ar gefn ceffyl i hela beison a byffalo. Bydd yr Indiaid eraill wrth eu boddau pan ddôn nhw adref a gweld be wyt ti wedi'i wneud.'

Ni allai'r bachgen gredu'r peth. Dywedodd y llais wrtho am fynd â'r ddau degan at yr Afon Fawr ac aros am bedwar diwrnod er mwyn iddyn nhw gael digon o wair a dŵr. Yna distawodd y llais.

'Pwy ydech chi?' gofynnodd y bachgen gan droi ei ben i bob cyfeiriad.

Ond ni ddaeth mwy o eiriau o'r awyr. Yna teimlodd yr hogyn ei goesau'n mynd yn gryfach ac yn gryfach. Neidiodd ar ei draed. Doedd o erioed wedi sboncio felly o'r blaen. Gafaelodd yn y ddau geffyl tegan a rhedeg tuag at yr Afon Fawr. Doedd o erioed wedi symud mor gyflym yn ei fywyd.

'Mae'n siŵr bod y llais wedi rhoi bywyd newydd yn fy nghoesau,' meddai.

Rhoddodd y ddau gerflun bychan yn y gwair ar lan yr afon. Methai goelio'i lygaid. Dechreuodd y ddau dyfu a thyfu.

'Maen nhw'n dod yn fyw!' chwarddodd yr Indiad amddifad.

Edrychodd yn hapus ar y ddau'n symud ac yn dechrau bwyta'r gwair ac yfed dŵr glân yr afon.

'Dewch adref ar f'ôl i,' meddai wrth y ceffylau.

Aeth yr anifeiliaid ar ei ôl yn ufudd. Cafodd y bachgen dipyn o drafferth i'w cael i mewn i'r cwt bach a oedd yn gartref iddo. Yna cysgodd y tri'n dawel drwy'r nos. Yn ôl â nhw drannoeth at yr Afon Fawr. Bwyta ac yfed y bu'r ceffylau drwy'r dydd. Y noson honno bu raid i'r bachgen roi'r ceffylau yng nghwt y pennaeth gan eu bod wedi tyfu'n rhy fawr i fynd i'w gartref bychan o. Wedi rhoi digon o fwyd a diod iddyn nhw ar y trydydd diwrnod, roedd ar y bachgen eisiau mynd ar ôl yr Indiaid Cochion eraill i hela beison.

'Dywedodd y llais wrtha i am aros ger yr Afon Fawr am bedwar diwrnod,' ebe'r hogyn wrtho'i hun. 'Ond does gen i ddim amynedd i aros dim rhagor. Ac mae'n siŵr na fyddai'r ceffylau ddim yn tyfu llawer mwy.'

Felly i ffwrdd â fo ar gefn un o'r ceffylau gan dywys y llall. Roedd y bachgen wrth ei fodd yn dangos yr anifeiliaid dieithr i'r Indiaid eraill wedi iddo gyrraedd.

'Gallwn hela'r beison yn gynt ar gefn y rhain,' meddai'r pennaeth.

Ac aeth pawb adref i'r pentref yn hapus iawn y diwrnod hwnnw.

Tyfodd y bachgen yn llanc cryf a thal. Y fo oedd y gorau o'r Indiaid Cochion i gyd am hela, saethu a marchogaeth. Ac un diwrnod cafodd ei ddewis yn bennaeth ar ôl i'r hen un farw. Roedd y pennaeth newydd yn falch o gael dweud sut y cafodd yr Indiaid eu ceffylau. Ond wyddai o ddim be oedd y rheswm bod eu ceffylau nhw'n llai na rhai'r bobl wyn. Fedrwch chi feddwl pam?

Y Llyn Rhyfedd

Un diwrnod, yr oedd y gigfran yn cerdded drwy'r coed. Roedd bron â llwgu.

'Beth ydi'r sŵn yna?' gofynnodd iddi hi'i hun.

Edrychodd yn ofalus a gwelodd bedwar afanc bach yn chwarae'n hapus y tu ôl i un o'r coed.

'Y mae'r rhain yn edrych yn dew. Maen nhw'n siŵr o fod yn cael digon o fwyd,' meddai'r aderyn cyfrwys.

Aeth at yr afancod. Dywedodd wrthyn nhw ei bod hi'n perthyn i'w teulu nhw. A dyma'r anifeiliaid yn ei choelio.

'Tyrd i'n cartref ni, a chei lond dy fol o fwyd,' ebe un afanc wrthi.

'Eistedd wrth y tân i gynhesu,' meddai un arall ar ôl iddyn nhw gyrraedd.

Aeth un o'r anifeiliaid bach allan drwy ddrws cefn y tŷ, a dod yn ei ôl hefo eog mawr, braf.

'Dydw i erioed wedi profi eog o'r blaen,' meddai'r gigfran wrthyn nhw.

Cyn cysgu'r noson honno, penderfynodd yr aderyn slei gael gwybod o ble'r oedd yr afancod yn cael pysgod mor flasus.

'Dyma gyfle da,' meddai wrthi'i hun y bore wedyn.

Aeth yr afancod allan i grwydro. Dywedodd y gigfran gelwydd wrthyn nhw:

'Dydw i ddim am ddod hefo chi am dro heddiw. Rydw i wedi blino braidd.'

Wedi i'r lleill fynd, sleifiodd y gigfran ddigywilydd allan drwy ddrws y cefn. Gwelodd y llyn mwyaf a welodd yn ei bywyd, yn llawn o bysgod. Edrychodd arnyn nhw'n neidio yn y llyn mor fywiog â phlant adeg te parti. Aeth y gigfran at y dŵr a daliodd eog yn hawdd iawn.

'Roedd hwnna'n flasus dros ben,' meddai, gan godi un arall yn sydyn.

Wnaeth y gigfran ddim drwy'r dydd ond bwyta a bwyta. Pan ddaeth y pedwar afanc adre'r noswaith honno, doedd yr aderyn ddim yn gallu symud bron. Ond ddywedodd hi mo'r hanes wrth y lleill. Ac yn rhyfedd iawn, ddaru'r pedwar afanc ddim sylwi fod stumog y gigfran mor dynn â chroen balŵn ar ôl ei chwythu.

Digwyddodd yr un peth drannoeth. Aeth y pedwar afanc allan i chwarae ac i hela, ac arhosodd yr aderyn i fwyta'r eogiaid.

'Syniad da fyddai dwyn y llyn yma,' meddai wrthi'i hun wrth orffwys.

Wedi cael y syniad cas hwn, newidiodd y gigfran ei hun yn ddyn. Dechreuodd rowlio'r llyn yn rholyn, fel rowlio carped. Gallai wneud hyn gan ei bod yn ddewines ac yn aderyn. Gweithiodd yn ofalus, gan wneud yn siŵr nad oedd yr un tropyn o ddŵr yn cael ei golli. Yna, newidiodd yn ei hôl yn aderyn ac ehedeg i ben coeden uchel.

'Mi ga i hwyl pan ddaw'r pedwar afanc yn eu holau,' meddai'r gigfran gas.

'Dydi'r gigfran ddim yn y tŷ!' gwaeddodd un afanc ar ôl cyrraedd adre'r noson honno.

'Ac mae'r llyn a phob eog ynddo wedi diflannu,' meddai un arall gan ddechrau crio.

'Dacw hi ar y goeden!'

Cododd y pedwar anifail bach eu hwynebau i edrych ar y lleidr a'r llyn yn ei phig.

'Yr hen g'nawes ddrwg, a ninnau wedi rhoi croeso cynnes i ti,' meddai un. 'Tyrd â'n llyn a'n pysgod ni'n eu holau y munud yma!'

Dechreuodd yr afancod gnoi bôn y goeden fel llygod yn tyllu i ddarn o gaws. Ond ehedodd yr aderyn sbeitlyd i ben coeden arall pan syrthiodd yr un yr oedd hi'n sefyll arni.

'Dewch i'n helpu!' gwaeddodd y pedwar afanc ar eu ffrindiau, yr arth a'r blaidd.

'Mi dylla i i'r gwraidd,' atebodd y blaidd gan ddangos ei ewinedd.

'Ac mi wna innau ysgwyd y goeden,' meddai'r arth gan godi ar ei thraed ôl yn barod.

Ond er iddyn nhw dorri llawer o'r coed fel hyn, hedfan i frigyn uchel coeden arall a wnâi'r gigfran bob tro. O'r diwedd, penderfynodd yr aderyn fynd i ffwrdd ymhell, a chododd i'r awyr gan gario'r llyn llawn pysgod yn ei phig.

'Aros di, y jadan, fe fyddwn ni'n siŵr o dy ddal di ryw

ddiwrnod!' ebe'r afanc mwyaf gan gychwyn ar ôl y gigfran.

Ni allai'r gigfran hedfan yn uchel nac yn gyflym iawn, felly roedd yn hawdd i'r pedwar afanc ei dilyn. Erbyn hyn, roedd ar yr aderyn eisiau bwyd yn ofnadwy. Ond nid oedd yn ddiogel dod i lawr a chael eog o'r llyn. Yna'n sydyn gwelodd forfil mawr du yn nofio yn y môr oddi tani.

'Dacw rywbeth hyfryd i'w fwyta,' meddai'r morfil gan agor ei geg anferth fel twnnel.

Safodd y pedwar afanc yn siomedig ar lan y môr.

'Mae'r gigfran wedi diflannu i lawr gwddw'r morfil,' ebe un.

'Ond bydd yn dal yn fyw, gan fod digon o le y tu mewn iddo,' meddai un arall, 'a digon o bysgod iddi hefyd.'

'Dyma hen le tywyll a hyll,' meddai'r gigfran wrth edrych o'i chwmpas ym mol y morfil.

Yr oedd wedi rhoi'r llyn yn ofalus ar un ochr. Ond doedd dim rhaid iddi agor y llyn i gael bwyd. Roedd digon o bysgod yn stumog y morfil. Ac roedd gan hwnnw boen bol ers meitin.

'Be goblyn sy'n digwydd tu mewn i mi?' gofynnodd.

Ddaru'r creadur mawr ddim sylwi ei fod mor agos i'r tir. Yn sydyn roedd ar y traeth ac yn methu symud. A bu farw'n fuan iawn.

'Morfil!' gwaeddodd yr Indiaid Cochion oddi ar y lan.

Dechreuodd y rhain dyllu ei gorff i gael cig i'w fwyta. Sleifiodd y gigfran allan drwy un o'r tyllau hyn ac ehedodd i'r lan hefo'r llyn pysgod yn ddiogel yn ei phig. Disgynnodd ar graig, a chuddiodd y llyn y tu ôl iddi. Newidiodd i fod yn ddyn unwaith eto, a cherddodd at yr Indiaid prysur.

'Peidiwch â thyllu. Peidiwch â thyllu!' meddai.

Dywedodd gelwydd wrthyn nhw:

'Daw hyn ag anlwc i chi i gyd. Byddwch wedi marw erbyn 'fory os nad ewch chi i ffwrdd ymhell ar unwaith!'

Chwerthin wnaeth y gigfran wrth weld y bobl yn ffoi o lan y môr i'r bryniau. Newidiodd y dyn yn gigfran unwaith eto, a brysiodd i dai'r Indiaid a dwyn eu bwyd i gyd. Aeth yn ei hôl wedyn yn araf deg at y llyn y tu ôl i'r graig. A chysgodd.

Ehedodd yn fore'r diwrnod wedyn i chwilio am le i agor y llyn. Disgynnodd dipyn o ddŵr o'i phig, gan droi'n afonydd a llynnoedd. Syrthiodd ambell eog i ganlyn y dŵr hefyd. A dyna sut y daeth yr eogiaid i wlad yr Indiaid Cochion am y tro cyntaf.

O'r diwedd, gwelodd y gigfran ddyffryn oddi tani. Disgynnodd yn gyflym. Trodd yn ddyn unwaith yn rhagor, ac agorodd y llyn.

'Bydd digon o eogiaid i bawb o hyn allan!' gwaeddodd dros y lle.

Newidiodd yn ei hôl yn gigfran. A'r funud nesaf, gwelodd y pedwar afanc yn cyrraedd ar ôl bod yn ei dilyn ers dyddiau.

'Tyrd â'n llyn ni'n ei ôl,' meddai un.

'Na, mae'n iawn i mi a phob anifail arall, a'r Indiaid i gyd gael eog,' atebodd y gigfran.

'Allwn ni ddim cario'r llyn i'n gwlad ni,' meddai'r afanc mwyaf.

'Y peth gorau i ni fyddai byw hefo'n gilydd yma,' atebodd y gigfran. 'Bydd digon o bysgod i bawb felly.'

Er nad oedd y pedwar afanc yn ei choelio gan ei bod yn un mor gastiog, penderfynu gwrando arni ac aros yno wnaethon nhw.

Nant yn y Tywod

'A elli di wneud pâr o sanau hardd i mi fynd i ddawnsio?' gofynnodd ffrind Shafenis iddi.

'Â chroeso,' atebodd yr eneth ifanc brydferth.

Ymhen ychydig iawn o amser roedd wedi gorffen nyddu'r sanau. Aeth ei ffrind â nhw i'w dangos i ferched eraill yr Indiaid.

'A fedri di wneud gwisg wen hardd i minnau fynd i ddawnsio?' gofynnodd un arall i Shafenis ryw ddiwrnod.

Bu'r eneth yn brysur iawn am dridiau, a chafodd lawer o arian am wneud y wisg. A chyn bo hir, roedd sanau a gwisgoedd dawnsio newydd sbon gan y merched i gyd.

'Mi rydw i'n gyfoethog!' chwarddodd Shafenis gan gyfri'n ofalus yr arian a gawsai am nyddu'r holl ddillad.

Erbyn hyn, roedd y rhan fwyaf o ffrindiau Shafenis wedi cael cariad. Edrychent ymlaen am briodi'r bechgyn a oedd wedi dod â gwisg wen hyfryd yn anrheg iddyn nhw.

'Peth rhyfedd na fyddai Shafenis wedi priodi, a hithau mor dlws,' meddai un hen Indiad wrth ei wraig.

'Mae llawer hogyn ifanc golygus wedi gofyn iddi ei briodi,' atebodd hithau, 'ond mae hi wedi eu gwrthod i gyd.'

'Dydi hi ddim mor annwyl ag y bu hi,' ebe'r gŵr. 'Y mae ennill yr holl arian yna wedi ei gwneud yn eneth falch. Fydd hi byth yn sgwrsio hefo fi fel bydde hi ers talwm.'

'Bydd rhywbeth annifyr yn siŵr o ddigwydd iddi ryw ddiwrnod, mi gei di weld,' meddai'r hen wraig. 'Mae ganddi ormod o feddwl ohoni'i hun o lawer.'

Digiodd pawb, bron, wrth Shafenis am ei bod mor hunanol. Ond roedd un dyn ifanc yn ei charu'n fawr—dyn ifanc a rhywbeth o'i le ar ei wyneb. Pan aeth o ati gyda mantell hardd a gofyn a fyddai hi'n cytuno i fod yn wraig iddo, chwarddodd yr eneth greulon dros y lle.

'Ha, ha! Bod yn wraig i un hefo wyneb mor hyll â thi? Na wnaf, byth!'

Aeth y llanc i ffwrdd yn drist. Cerddodd heibio i lyn, ac edrychodd ar ei lun yn y dŵr llonydd.

'Oes, mae gen i wyneb hyll,' meddai wrtho'i hun gan syllu ar y creithiau dwfn ar ei fochau. Arth oedd wedi ymosod arno pan oedd yn hogyn bach. Ac yr oedd ôl ewinedd un o'i phawennau yn farciau ar draws ei wyneb a'i ben, fel crateri a rhigolau ar wyneb y lleuad.

'Does dim gobaith i mi briodi Shafenis, er 'mod i'n ei charu,' meddai.

Cerddodd adref wedi torri ei galon. Erbyn hyn, roedd yr eneth gas wedi dweud yr hanes wrth bawb. Disgwyliai hi weld yr Indiaid Cochion yn chwerthin am ben y dyn ifanc. Ond roedd ganddyn nhw biti dros y llanc. Ac roedd yn gasach ganddyn nhw Shafenis nag erioed. Y noson honno cafodd yr eneth greulon freuddwyd annifyr. Gwelodd dair gwrach yn ei hunllef.

'Pan ddeffri di yn y bore fe fyddi di'n hyll!' chwarddodd un.

'Nid geneth iach, ond un sâl fyddi di 'fory!' gwaeddodd un arall.

Dechreuodd y drydedd wrach sgrechian:

'Fe fyddi di'n dlawd o hyn allan. Os wyt ti am ddal i fod yn gas fel hyn, byddi di'n siŵr o farw'n fuan!'

Gwelodd Shafenis fellten yn fflachio yn ei breuddwyd. Dringodd y tair gwrach i fyny'r fellten a diflannu o'r golwg.

Ni welodd yr Indiaid erioed yn eu bywydau y fath storm ag a fu'r noson honno. Rhwygai'r taranau fel creigiau'n hollti, a thywalltai'r glaw yr un fath â dŵr yn dianc o argae wedi torri.

Drannoeth, ni allai Shafenis symud. Ceisiodd weiddi ar ei mam, ond ni allai yngan yr un gair. Cofiodd yn sydyn am y gwrachod. Aeth yn chwys oer drosti. Roedd eu geiriau wedi dod yn wir. Deallodd ei mam ei bod yn wael iawn pan ddaeth i'w hystafell wely. Rhedodd yn syth at ddewin a oedd yn byw yn y pentref.

'Ar eich merch y mae'r bai fod hyn wedi digwydd,' meddai'r dewin.

Gan nad oedd yn ffrindiau hefo Shafenis, doedd o ddim yn fodlon ceisio'i gwella. Ond pan roddodd ei mam arian iddo, newidiodd ei feddwl. Rhoddodd ffisig wedi ei wneud o ddail a llysiau i'r eneth. Ond dal yn wael yr oedd hi er hynny.

'Hwyrach y gall dewin arall, sy'n byw yn y mynyddoedd, ei gwella,' ebe'r dyn wrth adael cartref Shafenis a'i mam y noswaith honno.

Fore trannoeth brysiodd ei mam i'r mynyddoedd. Ar ôl chwilio'n hir rhwng y creigiau, daeth o hyd i ddyn rhyfedd a gwallt hir ganddo. Wedi rhoi llawer o bres iddo, brysiodd y ddau yn eu holau i'r pentref. Adroddodd yr ail ddewin eiriau dieithr drosodd a throsodd. A bu'n berwi llysiau mewn crochan am oriau.

'Ych, mae hwn yn chwerw,' ebe Shafenis wrth yfed y ddiod.

Ond dal yn wael iawn yr oedd hi. Ysgydwodd y dewin ei ben. Y cyfan yr oedd wedi medru ei wneud oedd cael ei llais hi'n ôl.

'Tasech chi'n annwyl a charedig fel roeddech chi ers talwm, gallwn eich gwella,' meddai. 'Ond dydech chi ddim yn hoffi nac yn caru neb.'

Yr eiliad honno, daeth y dyn ifanc a'r creithiau ar ei wyneb i'r llofft.

'Mi rydw i'n marw,' ebe Shafenis wrtho'n drist.

'Oes yna unrhyw beth y galla i ei wneud i helpu?' gofynnodd y llanc i'r dewin.

'Wyt ti'n dal i'w charu?' holodd yntau.

'Ydw, ac mae arna i eisiau ei phriodi,' atebodd y dyn ifanc.

'Dyma i ti jŵg,' ebe'r dewin. 'Dos i nôl dŵr o'r nant sy yn yr anialwch. Y dŵr hwnnw ydi'r unig beth fedr ei gwella.'

Crwydrodd y llanc â'r wyneb creithiog yr anialwch am dri diwrnod heb weld yr un nant yn unlle. Roedd yn ei ddagrau a bron â throi'n ei ôl. Gorweddodd ar y tywod wedi blino'n lân, a chysgodd. Breuddwydiodd am ei gariad, Shafenis, a chlywodd hi'n canu. Deffrôdd y dyn yn sydyn.

'Roedd llais Shafenis yn canu fel sŵn nant!' meddai wrtho'i hun.

Neidiodd ar ei draed yn hapus gan ddisgwyl gweld afon fechan o ddŵr glân yn ei ymyl. Ond doedd dim golwg o ddŵr yn unlle.

'Ond rwy'n dal i glywed nant yn canu fel Shafenis!' gwaeddodd dros y lle.

Deallodd yn sydyn mai o dan y tywod yr oedd sŵn y dŵr. Tyllodd yn galed am oriau. Ond peth anodd iawn ydi gwneud twll dwfn mewn tywod, ac roedd wedi blino'n ofnadwy unwaith eto. O'r diwedd, symudodd garreg o'i lle yn isel oddi tan y tywod. Yna'n sydyn dyma golofn ddŵr yn tasgu'n uchel i'r awyr.

'Hwrê!' gwaeddodd nes yr oedd ei lais yn sboncio o un garreg i'r llall yn yr anialwch.

Ymolchodd ei wyneb yn y dŵr, a llenwodd jŵg y dewin. Yna rhedodd ei orau glas am gartref Shafenis. Roedd wedi cael nerth newydd o'r dŵr. Er na wyddai'r bachgen mo hynny, roedd y creithiau ar ei wyneb wedi diflannu bob un ar ôl iddo ymolchi. Rhuthrodd i ystafell wely ei gariad a oedd bron â marw erbyn hyn. Criai ei mam yn dawel yn y gornel, a daliai'r dewin i ysgwyd ei ben. Rhoddodd yr Indiad ifanc lymaid i'w gariad. A dechreuodd Shafenis wella'n syth ar ôl cael y diferyn cyntaf o ddŵr pur nant yr anialwch.

'O, rydw i'n dy garu,' ebe hi wrth y bachgen.

Edrychodd pawb yn syn arni'n codi o'i gwely. Rhoddodd ei breichiau am wddw'r llanc, a'i gusanu. A dyna pryd y gwelodd Shafenis fod y creithiau wedi mynd am byth oddi ar wyneb y dyn ifanc y byddai'n ei briodi'n fuan.

'Dydw i ddim am fod yn eneth gas a ffôl byth eto,' meddai'r ferch.

'Da iawn,' ebe'r dewin. 'Mae'r dŵr wedi eich gwella chi'ch dau, a chofiwch garu eich gilydd am byth.'

'Dydw i 'rioed wedi bod mor hapus,' meddai mam Shafenis.

Gwyliodd y dewin a hithau'r pâr ifanc yn mynd o'r tŷ law yn llaw. A chyn bo hir roedd pawb yn y pentre'n teimlo'n llon dros ben ar ôl clywed yr hanes.

Ictomi

Ictomi oedd y creadur bach rhyfedd a hoffai chwarae triciau ar yr anifeiliaid. Gwelodd gwningen mewn dillad crand iawn yn y coed ryw ddiwrnod.

'Helô,' meddai Ictomi wrthi, 'mi rydw i bron â llwgu. Mae 'na ffesant ar ben y goeden acw, ac mi hoffwn i ei ladd a'i fwyta.'

'Pam na saethi di hi hefo dy fwa a saeth?' gofynnodd y gwningen.

'Rydw i wedi eu gadael nhw gartref,' atebodd Ictomi.

Dweud celwydd yr oedd o. Tric oedd hyn i gyd. Eisiau dwyn dillad y gwningen oedd ar Ictomi. Gan fod y gwningen mor garedig a diniwed, mi saethodd hi'r ffesant. Ond ddaru'r aderyn ddim syrthio i'r llawr, dim ond aros yn sownd yn un o'r brigau.

'Rydw i wedi brifo 'nghoes, a fedra i ddim dringo i nôl y ffesant,' ebe Ictomi, y cenau bach drwg.

Am fod y gwningen druan yn ei gredu, dechreuodd ddringo'r goeden.

'Gwell i ti dynnu'r dillad hardd yna, rhag ofn i ti eu rhwygo nhw ar y brigau,' meddai Ictomi wrthi'n gyfrwys.

Cytunodd y gwningen, a gadawodd ei dillad newydd o grwyn smart wrth fôn y goeden. Yn ei hôl â hi wedyn i ddringo'r canghennau. Ond aeth hithau'n sownd.

'Hei, dy dro di ydi hi i fy helpu i!' gwaeddodd y gwningen.

Ond roedd Ictomi wedi gobeithio y byddai hyn yn digwydd. Yn lle helpu'r gwningen garedig, gafaelodd yn ei dillad ac i ffwrdd â fo gan chwerthin dros y lle. Cyn hir daeth at afon lydan.

'Fedra i byth groesi hon,' ebe fo wrtho'i hun. 'Mi gymera i arna 'mod i'n crio. Bydd rhywun yn siŵr o ddod i'm helpu fel y gwnaeth y gwningen.'

Pwy oedd yn digwydd hedfan uwchben ond yr hebog.

'Dacw Ictomi'n crio ar lan yr afon. Mi a' i i lawr i gael sgwrs hefo fo,' meddai'r aderyn.

Wedi gwrando ar ei stori, dywedodd yr hebog wrtho am neidio ar ei gefn. Yna cododd yn ei ôl i'r awyr hefo fo.

'Ha, ha,' ebe Ictomi'n dawel wrtho'i hun, 'mae'r anifeiliaid a'r adar i gyd yn bethau twp. Mi wnân nhw unrhyw beth rydw i'n ei ofyn iddyn nhw.'

Yn lle sgwrsio'n glên hefo'r hebog tra oedden nhw'n hedfan, a diolch iddo am ei gymwynas, tynnodd Ictomi ei dafod arno. Ni welai'r aderyn hyn gan fod y clown bach sbeitlyd ar ei gefn. Yna dyma Ictomi'n clecian ei fysedd i ddangos gymaint yn well roedd o na'r hebog. Chlywodd yr hebog mo'r sŵn clecian chwaith gan fod y gwynt mor gryf. Ond yr eiliad roedden nhw wedi croesi'r afon, gwelodd yr hebog gysgod Ictomi'n gwneud 'stumiau

27

arno. Tywynnai'r haul gan daflu cysgodion yr aderyn a'i lwyth ar y tir ger yr afon.

'O, a dyna dy driciau di, ie?' gofynnodd yr hebog.

A chyn pen chwinciad, trodd yr aderyn ar ei ochr gan daflu Ictomi i ganol boncyff hen goeden a oedd wedi pydru. Ehedodd yr hebog i ffwrdd, gan ei adael yno'n sownd yn y twll fel sardîn mewn tun. Ceisiodd ei orau i ddringo allan, ond roedd tu mewn y goeden yn wlyb a llithrig. Syrthiai yn ei ôl o hyd, yr un fath â phry bach yn methu dianc o waelod bowlen. Yna'n sydyn clywodd sŵn siarad. Edrychodd Ictomi drwy dwll bychan yn rhisgl yr hen geubren.

'Dacw ferched yn casglu coed tân,' meddai. 'Mi ga i'r rhain i'm helpu i ddod allan.'

Tynnodd ddillad crand y gwningen oddi amdano. Gwthiodd gornel un o'r crwyn hardd, a chynffon yn glynu wrtho, yn araf a slei drwy'r twll.

'Edrychwch, mae anifail hefo ffwr a chynffon hardd yn yr hen geubren!' gwaeddodd un o'r merched. 'Be am ei gael allan a'i ladd, er mwyn cael ei groen i wneud dillad?'

Trawodd pob un ei bwyell fach yn erbyn y boncyff. Ac yn fuan iawn, gan fod y goeden wedi pydru, syrthiodd ar y ddaear. Doedd Ictomi ddim am i'r merched gael y dillad chwaith, na chael cyfle i chwerthin am ei ben.

'Mae'n rhaid i mi gael gwared o'r merched yma. Mi gymera i arna mai anifail yn gallu siarad ydw i. Maen nhw'n ddigon gwirion i goelio unrhyw beth!' meddyliodd.

'Llosgwch fi allan! Llosgwch fi allan!' meddai mewn llais main drwy'r twll.

'Debyg iawn!' gwaeddodd un ferch. 'Yn ôl â ni i nôl

brigyn yn llosgi o'r tân yn y gwersyll. Bydd y mwg a'r fflamau'n siŵr o yrru'r anifail allan.'

Ond wrth gwrs sleifiodd Ictomi o'r boncyff yr eiliad yr aeth y merched o'r golwg. Ac ymlaen â fo i chwilio am rywbeth gwirion arall i'w wneud.

'O ble mae'r sŵn canu a dawnsio yna'n dod?' gofynnodd wrth fynd heibio i goeden arall.

Gwelodd benglog byffalo ar lawr. Gwyrodd i sbecian drwy'r tyllau lle bu llygaid yr anifail unwaith.

'Mae'r benglog yn llawn o lygod yn canu a dawnsio,' meddai. 'Mi a' i i mewn i gael hwyl hefo nhw.'

Ond dechreuodd y llygod bach sgrechian pan welson nhw pwy oedd yna. Distawodd y miwsig fel adar yn tawelu o flaen storm. A diflannodd pob llygoden cyn i Ictomi allu dweud dim.

'Twt, hen sbort sâl oedd hynna,' meddai gan geisio tynnu'r benglog oddi ar ei ben.

Ond er iddo dynnu a thynnu, roedd ei ben yn dal yn sownd. Rhedodd yn ôl ac ymlaen gan weiddi mewn dychryn. Yna clywodd rywun yn galw.

'Ha, ha! Fy nhro i ydi hi i chwerthin am dy ben di'r tro hwn.'

Y gwningen oedd yno, yn gwenu'n braf arno. Cafodd Ictomi syniad sydyn fel arfer. A dywedodd gelwydd eto!

'Wel, dyna beth od, a finnau'n chwilio amdanat ti i roi'r dillad crwyn yn eu hôl i ti. Doeddet ti 'rioed yn meddwl 'mod i am eu cadw am byth? Dim ond jôc fach oedd y cyfan!'

'Os wyt ti'n addo eu rhoi i mi, yna mi helpa i di,' atebodd y gwningen.

Cododd garreg fawr a'i tharo'n erbyn y benglog. Torrodd honno yn ei hanner. Roedd Ictomi'n rhydd, er bod chwydd fel wy ar ei ben.

'Y dillad, os gweli di'n dda,' meddai'r gwningen.

'Iawn,' atebodd y llall, 'ond aros am funud. Beth am gael cystadleuaeth—am y gorau i saethu eryrod?'

Bu'r ddau wrthi drwy'r pnawn hefo bwa a saeth. Ond y tro yma, ddaru syniad Ictomi ddim gweithio. Saethodd y gwningen gannoedd o eryrod, ond methodd y creadur bach annifyr arall gael yr un. Roedd Ictomi'n wallgof ar ôl cael ei guro. Ond bu'n rhaid iddo gadw ei air, a rhoi'r dillad croen a ffwr llyfn i'r gwningen.

'Ho, ho,' meddai hithau gan daro'r drwm bychan oedd ganddi.

Allai Ictomi ddim diodde'r sŵn. Roedd ei ben yn brifo'n ddigon drwg cynt ond wrth wrando ar y drwm, neidiodd y clown llawn triciau i fyny uwchben y ddaear. Âi'n uwch ac yn uwch bob tro y trawai'r gwningen y croen ar wyneb y drwm. A neidiodd Ictomi mor uchel yn y diwedd nes codi uwchben brigau ucha'r coed, a diflannu o'r golwg!

Y Fasged

'Mae'r haul yn machlud yn hardd heno,' meddai'r gŵr ifanc wrtho'i hun.

Edrychodd yr Indiad yn hir ar liw coch yr haul ar y llyn. Yna'n sydyn clywodd sŵn canu. Edrychodd o'i gwmpas, ond ni allai weld neb.

'O'r awyr mae'r canu'n dod,' meddai gan syllu i fyny.

Yr eiliad nesaf, gwelodd fasged fawr yn disgyn i'r ddaear. Rhedodd y llanc i gysgod coeden i wylio be ddigwyddai wedyn.

'Dacw'r fasged wedi glanio ar lan y llyn, a saith o ferched ifainc del yn dod allan ohoni,' ebe'r Indiad Coch.

Gwelodd y genethod tal yn cychwyn dawnsio a chanu'r un pryd. Doedd y gŵr ifanc erioed wedi gweld merched mor dlws. A doedd o erioed chwaith wedi gwrando ar ganu mor hyfryd.

'Mae'n rhaid i mi gael canu hefo nhw,' meddai toc.

Ond pan agorodd ei geg, rhedodd y merched yn eu holau i'r fasged. A'r funud nesaf roedden nhw'n codi'n gyflym i'r awyr.

'O, dyna hen dro!' meddai'r Indiad. 'Gobeithio y dôn nhw'n ôl 'fory eto.'

Drannoeth, wedi aros drwy'r dydd, brysiodd at lan y llyn. Roedd hi bron yn amser i'r haul fachlud.

'Go dda! Dacw'r fasged a'r saith merch yn disgyn unwaith yn rhagor,' meddai'n dawel.

Dawnsio ar eu pennau eu hunain wnaeth y merched y tro hwn. Roedd yn haws i'r dyn ifanc eu gweld yn iawn felly. Syrthiodd mewn cariad yn syth hefo un ohonyn nhw. Roedd pob un yn brydferth, ond hon oedd yr eneth ddelaf a welodd yn ei fywyd. Aeth yn nes ac yn nes ati. Ond llithrodd ei droed ar garreg, gan wneud sŵn.

'Go drap las, dyna fi wedi ei gwneud hi eto heno fel neithiwr,' meddai'n gas wrtho'i hunan.

Ac yn wir i chi, rhuthrodd y merched i'r fasged fel y noson cynt gan ddiflannu i'r awyr. Cerddodd yr Indiad i'w wigwam yn siomedig. Breuddwydiodd am yr eneth hardd y noson honno. Byddai wrth ei fodd yn cael cyfle i ofyn iddi ei briodi.

Ddywedodd o mo'r hanes wrth neb y diwrnod wedyn. Penderfynodd afael yn dynn yn y ferch dlysaf os deuai hi a'r merched eraill i ddawnsio y noswaith honno. Cuddiodd y tu ôl i goeden ymhell cyn machlud haul.

'Mae'r amser yn llusgo heno,' meddai.

Ond o'r diwedd daeth y fasged i lawr am y trydydd tro. Ddaru'r dyn ifanc ddim symud llaw na throed. A chaeodd ei wefusau'n dynn.

'Ydi hi'n ddiogel i ni ddawnsio heno, tybed?' holodd un o'r genethod.

'Ydi, siŵr. Dim ond aderyn yn canu oedd yna echnos,' atebodd un o'r lleill.

'Ie, ac anifail bach ofnus, mae'n siŵr, ddaru'n dychryn ni neithiwr,' ebe un arall. 'Dowch i ni ddawnsio. Mae'r haul bron â mynd o'r golwg. Bydd yn rhaid i ni frysio adref i'r awyr yn syth wedyn.'

Synnodd yr Indiad pan glywodd nhw'n sôn am eu cartref yn yr awyr. Ond doedd o ddim am wastraffu mwy o amser yn meddwl am hynny. Pan welodd yr eneth ddelaf un yn dod yn agos at y goeden lle'r oedd yn cuddio, neidiodd ar ei draed a rhuthrodd amdani.

'Aros. Rwy'n dy garu, ac fe hoffwn dy briodi!' gwaeddodd.

Dechreuodd yr eneth dlos sgrechian dros y lle. Ond daliai'r dyn ifanc ei afael ynddi. Erbyn hyn, roedd y genethod eraill wedi cyrraedd y fasged.

'Tyrd, brysia, mae'r fasged yn cychwyn!' gwaeddodd un.

Daliai'r merched eu breichiau allan yn barod i'w chodi hi i mewn. A'r eiliad nesaf, llithrodd hithau o afael y llanc. Cydiodd yn ochr y fasged a oedd yn codi erbyn hyn.

'Chei di ddim mynd!' gwaeddodd y dyn ifanc gan ruthro a neidio amdani.

Erbyn hyn roedd y fasged wedi codi dipyn o'r llawr. Cydiai'r chwe merch yn y llall gan geisio ei chael i mewn atyn nhw. Ond gwasgai'r Indiad ei freichiau'n sownd am ei chanol.

'O, ryden ni'n cwympo!' llefodd hithau'n uchel.

Syrthiodd y ddau'n swp ar y ddaear. Ond yn ffodus, ddaru nhw ddim brifo. Diflannodd y fasged o'u golwg.

'Hen hogyn cas wyt ti'n fy nwyn i oddi ar fy chwiorydd,' ebe'r eneth.

'Ond mi rydw i'n dy garu,' atebodd y llanc.

Erbyn hyn cawsai'r eneth gyfle i sylwi'n iawn ar y dyn ifanc tal. Doedd hithau erioed wedi gweld un mor annwyl, ac meddai:

'Fe hoffwn innau dy briodi dithau. Ond cha i ddim aros yma ar y ddaear yn wraig i ti.'

'Pam felly?' holodd yr Indiad Coch.

'Wel, am mai'r haul a'r lleuad ydi fy nhad a'm mam. Eu merched nhw ydi fy chwiorydd a minnau. Y ni ydi'r Pleiades, y sêr rwyt ti'n eu gweld yn y nos. Yn yr awyr yr ydw i'n byw, wrth gwrs, ac mae'n rhaid i mi fynd yn f'ôl yno,' meddai'r eneth brydferth.

'Fe ddo i atat ti i fyw yn yr awyr,' ebe'r llanc wedyn.

'Dydw i ddim yn meddwl y byddai 'nhad, yr haul, yn fodlon,' sibrydodd y ferch. 'Dyden ni ddim i fod i ddod i'r ddaear i ganu a dawnsio. A dim ond pan fydd 'nhad yn isel, isel yn yr awyr yr yden ni'n mentro dod. Fedr o mo'n gweld yr adeg honno. Mi fydd yn ofnadwy o flin wedi clywed yr hanes.'

Eisteddodd yr Indiad yn ddigalon. Pan welodd yr eneth mor drist oedd o, ac am ei bod hithau'n ei garu'n fawr, dyma hi'n dweud:

'O'r gorau 'te, mi awn ni i weld 'nhad a siarad hefo fo.'

Cododd yr eneth ei breichiau a siarad hefo'r gwynt.

'Tyrd â'r fasged yn ei hôl nos 'fory eto,' meddai.

A dyna a ddigwyddodd. Daeth y chwiorydd eraill i'w nôl nos drannoeth, a throi'n eu holau hefo'r ddau wedyn i Dir yr Awyr. Doedd yr haul ddim yn fodlon o gwbl ar y dechrau i'w ferch harddaf briodi un o'r ddaear. Ond pan ddeallodd eu bod mewn cariad dywedodd:

'Mi gewch chi'ch dau briodi. Ond rydw i am eich gyrru chi a'm merched eraill i ben pella'r awyr. Byddwch yn rhy bell i allu mynd i'r ddaear o'r fan honno.'

Gwylltiodd yr Indiad yn gacwn.

'Does gennych chi ddim hawl i'm rhwystro i rhag mynd yn f'ôl ambell waith i wlad yr Indiaid Cochion. A chan 'mod i am briodi un o'ch genethod, mae'n iawn iddi hithau gael dod i weld fy nheulu gyda mi hefyd.'

Synnodd y merched wrth glywed y dyn ifanc yn siarad fel hyn hefo'u tad. Doedden nhw erioed wedi clywed neb yn ateb yr haul fel hyn o'r blaen.

'Mae 'nhad yn siŵr o d'yrru i ffwrdd oddi wrtha i am byth,' llefodd cariad yr Indiad.

Ond chwerthin wnaeth yr haul.

'Wel, rwyt yn Indiad Coch dewr a hoffus. Ac rwy'n fodlon i chi'ch dau fynd o'r awyr i'r ddaear weithiau. Ond rhaid i'r merched eraill aros lle maen nhw. Chân' nhw ddim mynd i'r byd i chwilio am ŵr!' meddai dan wenu.

A gyrrodd yr haul y saith merch a'r Indiad Coch i ben pella'r awyr. Dyna pam nad ydi sêr y Pleiades i'w gweld yn glir iawn bob amser. Ac ambell dro, mae dwy ar goll. Pam tybed?

Opo

'Mae gen i gynffon harddach na'r un ohonoch chi!' chwarddodd Opo un diwrnod.

Roedd Opo'n hoff iawn o'i ddangos ei hun i'r anifeiliaid eraill.

'Bydd rhywbeth yn siŵr o ddigwydd i'w ffwr du prydferth a'i gynffon hir,' meddai un ohonyn nhw'n dawel wrth ei ffrind.

'Bydd, rwyt ti'n iawn,' atebodd hwnnw. 'Dydi o'n gwneud dim trwy'r dydd ond ei brwsio a'i lanhau. Mi glywais i o'n canu dros y lle ddoe i ddangos cynffon mor gryf a smart sy ganddo.'

Cododd Opo'i gynffon yn yr awyr fel baner, ac meddai:

'Does dim rhaid i mi gael gwely cynnes i gysgu ynddo. Fe fyddwch chi i gyd yn crynu heno pan fydd hi'n rhewi. Ond mae 'nghynffon i'n esmwyth ac yn fy nghadw'n glyd drwy'r nos.'

Ac i ffwrdd â fo i chwilio am le tawel i orffwys tan y

bore. Aeth y lleill i geisio cysgu hefyd—pob un ond y gwningen.

'Fedra i ddim meddwl am gau fy llygaid,' meddai. 'Dydi o ddim yn iawn fod gan Opo gynffon mor brydferth. Mi roedd gen innau un ddel ers talwm hefyd. Ond dim ond un bwt sy gen i 'rwan. Rydw i am chwarae tric ar yr hen Opo 'na.'

Drannoeth, er nad oedd wedi cysgu'r un winc, penderfynodd y gwningen alw pwyllgor o'r anifeiliaid. Gwibiodd o un cartref i'r llall i ddweud wrthyn nhw am ddod.

'Mi gawn ni hwyl a dawnsio ar ôl y pwyllgor,' meddai wrth Opo wedi cyrraedd ei gartref o. 'Rwyt ti'n addo dod, yn dwyt ti?'

'Wn i ddim ydi hi'n werth y drafferth i mi ddod. Does arna i ddim eisiau dim gan fod gen i rywbeth gwell na neb ohonoch,' atebodd Opo'n falch gan gribo'i gynffon flewog yn ofalus.

'Ddoi di i'r pwyllgor os cei di eistedd ar y sedd fwyaf cyfforddus?' gofynnodd y gwningen yn gyfrwys.

Meddyliodd Opo am funud neu ddau.

'O'r gorau,' meddai. 'Ond cofia di fod arna i eisiau cael eistedd lle gall pob un ohonoch chi'r anifeiliaid weld fy nghynffon fendigedig i.'

Cytunodd y gwningen. 'Ac mi wna i anfon y cricedyn i drimio blew dy gynffon di'n hardd ar gyfer y ddawns,' meddai hi wrth Opo.

Roedd Opo wrth ei fodd pan glywodd hyn. Ddaru o ddim sylwi ar y gwningen yn gwenu wrth lamu oddi wrtho. Roedd yn rhy brysur yn brwsio'i gynffon.

'Na wir,' meddai'r cricedyn pan ddywedodd y gwningen yr hanes wrtho. 'Pam y dylwn i dorri ffwr yr hen Opo yna'n daclus? Mae'n gas gen i o, am ei fod yn dangos ei hun bob munud. Ac mae o'n ormod o hen drwyn i siarad hefo fi weithiau.'

Ond pan eglurodd y gwningen y cynllun yn ddistaw bach yn ei glust, roedd y cricedyn yn fodlon.

'O, dyna ti. Rydw i wedi bod yn disgwyl amdanat ers meitin,' ebe Opo'n flin wrtho pan gyrhaeddodd y cricedyn ei gartref hefo'i grib a'i siswrn a'i frws.

Gwnaeth Opo'i hun yn gyfforddus ar y llawr fel plentyn yn gorwedd yn braf ar dywod glan y môr yn yr haf. Dechreuodd y cricedyn gribo blew ei gynffon fawreddog yn ofalus.

'Rydw i am glymu'r cortyn coch yma am dy gynffon, er mwyn iddi fod yn llyfn a thaclus ar gyfer y ddawns ar ôl y pwyllgor,' meddai'r cricedyn wrth Opo.

Roedd yr anifail balch ac annifyr hwn bron â chysgu erbyn hyn gan fod cael cribo a thrimio'i gynffon yn beth mor esmwyth.

'Mae gen i dipyn o waith cyn gorffen,' ebe'r cricedyn. 'Waeth i ti gau dy lygaid a chael cyntun bach ddim.'

A chysgodd Opo'n drwm. Deffrôdd pan oedd y cricedyn yn gorffen gwneud y cwlwm ola'n dynn yn y cortyn coch.

'Paid ti â'i dynnu nes bydd hi'n amser y ddawns,' ebe'r cricedyn mewn llais caredig, gan gymryd arno ei fod yn ffrind mawr i'r llall.

'Wna i ddim,' atebodd yntau, 'a bydd yr anifeiliaid eraill i gyd yn curo'u pawennau pan welan nhw mor wych ydi 'nghynffon.'

Welodd Opo mo'r cricedyn yn gwenu'n slei. Unwaith eto, roedd yn rhy brysur yn ei edmygu'i hun.

Brysiodd i'r pwyllgor y noswaith honno. A chymerodd y gwningen arni ei bod yn falch o'i arwain i'r sedd orau. Gan i Opo fynnu bod yn gadeirydd y cyfarfod, chafodd neb siarad yn hir. A chyn pen dim roedd gwaith y pwyllgor ar ben.

'Dyna ni,' meddai Opo heb lawer o amynedd, 'ymlaen â ni i ddawnsio!'

Tynnodd y cortyn yn gyflym ond yn ofalus oddi ar ei gynffon. Camodd i ganol y llawr.

'Miwsig!' gwaeddodd dros y lle.

Roedd drwm bach neu ffidil gan y rhan fwyaf o'r anifeiliaid. Dechreuodd Opo ddawnsio i'r gerddoriaeth hyfryd a chanu cân yn canmol ei gynffon yr un pryd. Clywodd pob un anifail yn gweiddi a churo dwylo.

'Mae'n rhaid mai gweld fy nghynffon i'n sgleinio yng ngolau'r tân maen nhw,' meddai gan ddawnsio'n gyflymach.

Ond erbyn hyn roedd yr anifeiliaid bach wedi peidio â churo dwylo. Chwerthin dros y lle yr oedd pawb— chwerthin am ben Opo nes oedd y dagrau'n llifo o'u llygaid. Ac roedd y sŵn hisian o'r fflamau wrth i'r dagrau ddisgyn i'r tân yr un fath â nadroedd blin yn gwibio drwy'r gwair.

'Be sy'n bod arnoch chi, y ffyliaid?' holodd Opo.

Peidiodd â dawnsio i weld be oedd yn bod. Roedd y lleill yn chwerthin cymaint nes disgyn un ar ben y llall, fel pa bai rhywun yn lluchio sachau gwag am ben ei gilydd. Yna'n araf deg, cododd yr anifeiliaid a sychu eu dagrau. Gwelodd Opo nhw'n syllu ar ei gynffon.

'O, be wna i?' gwaeddodd dros y lle pan edrychodd yntau arni.

Cafodd sioc fwyaf ei fywyd.

Nid cynffon hir a hardd, gyda ffwr llyfn yn sgleinio fel haul ar y môr oedd ganddo, ond hen gynffon fain, hyll fel un llygoden fawr.

'Ha, ha, y fi ddaru!' meddai'r cricedyn.

'A fi gafodd y syniad,' ebe'r gwningen.

Cofiodd Opo'n sydyn amdano'i hun yn cysgu.

'Ie, dyna ti. Mi dorrais bob blewyn i ffwrdd oddi ar dy gynffon di. Dim ond cymryd arna ei chribo a'i thrimio wnes i,' chwarddodd y cricedyn.

'A fydd yna ddim ffwr ar dy gynffon di na neb arall o dy deulu di byth eto,' meddai'r gwningen hithau dan wenu.

Roedd ar Opo ormod o gywilydd o'i hen gynffon hyll i ddweud na gwneud dim. Aeth yr anifeiliaid ati drachefn i ganu a dawnsio gan droi eu cefnau ar Opo. Sleifiodd yntau i ganol y goedwig wedi torri ei galon.

Yr Indiad Cryf

'Ha, ha, dacw Dwctwl yn cysgu wrth y tân fel arfer.'

Y pennaeth oedd yn siarad. Roedd ganddo bedwar mab. Roedd tri ohonyn nhw wrth eu boddau'n dangos mor dda oedden nhw am hela a physgota.

'Ond am fy mab arall, dydi o'n dda i ddim ond i gysgu,' ebe'r tad.

Chymerodd Dwctwl ddim sylw ohonyn nhw'n tynnu ei goes. Doedd o ddim yn poeni chwaith eu bod wedi ei alw'n Dwctwl. Ystyr yr enw ydi 'Croen Budr'. Ac roedd ei groen yn fudr hefyd, am fod lludw a huddyg' o'r tân yn disgyn arno.

'Tyrd hefo ni i nofio!' gwaeddodd un o'r brodyr.

Roedden nhw'n codi'n fore bob dydd ac yn rhuthro i'r môr er mwyn bod yn gryf ac yn iach.

'Na, mae arno fo ofn dŵr. Gwell i ni adael i'r hen fabi gysgu!' meddai brawd arall.

Gwenodd Dwctwl yn dawel yn hytrach na'u hateb. Roedd ganddo gyfrinach. A doedd neb arall yn y pentref yn gwybod be oedd y gyfrinach honno. Codai o flaen pawb arall. A thra cysgai'r Indiaid eraill, byddai Dwctwl yn ymarfer ar ei ben ei hun yn y coed. Lluchiai ei waywffon dro ar ôl tro nes yr oedd yn well na neb arall am wneud. Ac wedi rhedeg a neidio a dringo coed fel gwiwer, chwiliai am blanhigion a gwreiddiau yn y ddaear i'w bwyta.

'Mi fydda i'n gryfach na 'mrodyr,' meddai wrtho'i hun un bore.

Ar ôl ymarfer a chael bwyd, rhedodd at yr afon y tu ôl i'r pentref. Nofiodd yn gyflym fel pysgodyn. Yna'n ôl â fo i gysgu'n dawel wrth y tân y tu allan i'r wigwam cyn i'r lleill godi.

Ymhen rhyw awr, clywodd rai o'r Indiaid Cochion dewraf yn cynllunio i hela morloi mewn lle peryglus allan yn y môr.

'Waeth i ni heb â gofyn i Dwctwl ddod hefo ni 'fory,' chwarddodd un. 'Mae arno fo ofn llygoden heb sôn am forlo!'

Ond synnodd pawb fore trannoeth o weld Dwctwl yn eistedd yn barod i gychwyn mewn canŵ.

'Dos adref,' meddai un o'i frodyr wrtho, 'neu mi fyddi'n codi cywilydd arnon ni.'

Ond gwrthododd Dwctwl symud. Ac i ffwrdd â bechgyn ifainc y pentref a'r pennaeth mewn pedwar canŵ i hela morloi. Ar ôl rhwyfo'n hir ac yn galed trwy'r tonnau uchel, mi ddaethon nhw at graig fawr yn y môr lle'r oedd y morloi'n gorwedd yn braf yn yr haul. Pan gododd y tonnau ganŵ y pedwar brawd a'u tad cyn uched â brig y graig, ceisiodd yr hogyn hynaf neidio ar glogwyn y morloi. Ond llithrodd a syrthiodd i'r môr. Cafodd drafferth mawr i fynd yn ei ôl i'r canŵ. Digwyddodd yr un peth i'r ail frawd. Llwyddodd y trydydd i gyrraedd y graig ond rhuthrodd morlo mawr ato gan ymosod yn wyllt. A syrthiodd yntau'n ei ôl i'r môr wedi gwylltio'n gacwn.

'Yn ôl â ni!' gwaeddodd y pennaeth. 'Mae'r môr yn rhy beryglus heddiw. Cawn well lwc 'fory, efallai.'

'Be am roi cyfle i mi?' meddai Dwctwl. 'Bydd pawb yn chwerthin am ein pennau os awn adref heb ddal morloi.'

Chwarddodd ei frodyr yn sbeitlyd. Ond penderfynodd ei dad, y pennaeth, roi un cyfle iddo yntau. Ac wedi padlo'r canŵ unwaith eto at y graig, dyma aros nes i don fawr eu codi i'w phen. Neidiodd Dwctwl, gan lanio'n ddiogel. Methodd y morloi ei wthio i'r dŵr fel y lleill. A chyn pen fawr o amser, roedd yr Indiad ifanc wedi gwanu a lladd digon o'r anifeiliaid gyda'i harpŵn i lenwi'r canŵ.

Roedd y pennaeth a brodyr Dwctwl wedi synnu gormod i ddweud dim. Yn ôl â nhw i'r lan. Doedd yr Indiaid eraill ddim yn coelio pan ddywedodd y pennaeth yr hanes wrthyn nhw. Roedd pob canŵ arall wedi glanio heb yr un morlo. Ond er mor ddewr y bu Dwctwl y tro hwnnw, daliai i gysgu bron drwy'r dydd wrth y tân. A daliai ei frodyr i chwerthin am ei ben fel o'r blaen.

Yna un diwrnod dywedodd y pennaeth:

'Mae 'na Indiaid eraill yn dod aton ni cyn hir i gael cystadleuaeth reslo. Gwell i'r rhai cryfaf ohonoch chi ymarfer yn galed er mwyn i ni eu curo.'

Cytunodd pawb. Ond wyddai neb fod Dwctwl yn ymarfer ar ei ben ei hun yn fore iawn bob dydd.

'Mae'r Indiad Coch acw fel cawr!' gwaeddodd un o frodyr Dwctwl, wrth weld un o'r llanciau yn camu o'r canŵ ddiwrnod y gystadleuaeth.

Methodd y tri brawd hynaf daflu'r reslwr yma i'r llawr. Cododd bob un ohonynt yn ei ddwylo a'u taflu fel plu i'r awyr. Ac ar ôl pnawn prysur o drio eu gorau, gorweddai pob Indiad ifanc a oedd yn perthyn i lwyth Dwctwl ar y ddaear yn ddoluriau a briwiau i gyd. Pawb ond Dwctwl ei hun.

'Be sy'n mynd 'mlaen yma?' gofynnodd yn gysglyd. 'A be ydi'r sŵn mawr 'ma sy wedi 'neffro i?'

'Mae'r Indiad dieithr yma wedi gwneud sbort am ein pennau,' ebe'r pennaeth, 'ac mi rydw innau'n rhy hen i reslo.'

Chwarddodd y dyn anferth pan welodd Dwctwl yn rhwbio'i lygaid i ddeffro'n iawn, ac yna'n dod tuag ato. Ond peidiodd â chwerthin pan fethodd daflu'r brawd ieuengaf i'r llawr. Rhuai fel llew gwallgof, a cheisio gafael ynddo. Yna neidiodd mab ifanc y pennaeth i'r ochr yn sydyn gan gydio'n dynn ym mraich y llall. Cododd o i'r awyr a'i droi fel cadach llestri uwch ei ben. Lluchiodd Dwctwl yr Indiad mawr oddi wrtho, a disgynnodd ymhell i ffwrdd. Clywodd pawb y glec. Roedd cefn y cawr wedi torri.

Rhedodd y pennaeth at Dwctwl i'w longyfarch. Cariodd yr Indiaid dieithr eu reslwr druan nhw'n ddistaw i'w canŵ, a phadlo adref.

'Wnei di faddau i ni am fod mor annifyr gyda thi?' gofynnodd un o Indiaid ei lwyth i Dwctwl.

Roedd ar bawb eisiau bod yn ffrindiau hefo fo wedyn. Ond ddaru Dwctwl ddim cymryd sylw o neb ohonyn nhw, dim ond cerdded a gorwedd yn ddiog ger y tanllwyth tân. Pan aeth i'r coed fel arfer drannoeth, clywodd y coed yn siarad hefo'i gilydd.

'Mae'n rhaid i ni ddysgu gwers i bawb ym mhentref Dwctwl am iddyn nhw fod mor gas wrtho,' meddai un goeden.

'Rhaid,' meddai un arall, 'ac maen nhw am gael dipyn o sioc heddiw.'

Y pnawn hwnnw, dechreuodd y coed tal symud. Ymlaen â nhw'n ddistaw, yn nes ac yn nes at bentref Dwctwl. Ymhen ychydig roedd cannoedd o goed o gwmpas y lle.

'Torrwch y coed! Torrwch y coed!' llefodd y pennaeth.

Ond er i'r Indiaid Cochion wneud eu gorau i'w torri hefo'u bwyelli, roedd mwy a mwy o goed yn dod yn lle'r rhai a gwympwyd. A chyn bo hir roedden nhw wedi gwthio'r Indiaid o'u cartrefi. Safai'r bobl yn rhes ddigalon ar fin y môr.

'Mae hi ar ben arnon ni. Rhaid i bob un ddianc mewn canŵ!' gwaeddodd un hen wraig. 'A hwyrach mai boddi yn y môr fydd ein hanes ni i gyd.'

Pan oedd pawb yn brysur yn llwytho'u cychod, pwy ddaeth atyn nhw'n araf a chysglyd ond Dwctwl.

'Rwyt ti'n rhy hwyr i'n hachub y tro hwn,' meddai ei dad.

'Dim peryg',' atebodd y mab.

Rhuthrodd at y goeden agosaf a'i chodi o'i gwraidd. Doedd neb wedi gweld peth fel hyn o'r blaen. Cododd a lluchiodd lawer o'r coed eraill yr un fath. Clywodd Dwctwl y coed yn siarad eto:

'Mae'r Indiaid wedi dysgu eu gwers. Yn ôl â ni.'

Ac aeth y coed i gyd yn eu hôl i'w lle. Allai'r Indiaid ddim coelio eu llygaid na'u clustiau.

'Does neb fel Dwctwl yn holl wlad yr Indiaid Cochion,' ebe pawb.

Ond doedd ar y bachgen ddim eisiau cael ei ganmol, dim ond cael llonydd i fynd yn ei ôl i gysgu ger y tân! Aeth yr Indiaid i'w cartrefi'n llawen y diwrnod hwnnw, a phawb yn dweud:

'Fydd dim byd drwg yn digwydd i ni eto. Mae Dwctwl yma i ofalu amdanom.'

Ond yr wythnos wedyn, dechreuodd ysbrydion y mynyddoedd ffraeo. Roedd hyn yn digwydd ambell dro.

'Mae'r mynyddoedd yn dod tuag atom ni ac yn chwythu tân!' rhybuddiodd y pennaeth.

'Maen nhw am ymosod fel y coed,' ebe un o frodyr Dwctwl.

Cysgai yntau'n dawel drwy'r stŵr i gyd fel arfer. Ond rhedodd rhywun ato a'i ddeffro.

'Peidiwch â phoeni. Mi wn i be i'w wneud,' meddai'n dawel.

Erbyn hyn roedd y mynyddoedd bron â chyrraedd y pentref, ac wedi malu tai a choed. Poerai tân o'u pennau, a rhedai'r Indiaid Cochion yn ôl ac ymlaen wedi dychryn.

'Stopiwch, ac ewch yn eich holau!' gwaeddodd Dwctwl ar y mynyddoedd.

Peidiodd pob mynydd a chraig â symud. Roedd yr Indiad dewr wedi achub ei bentref unwaith eto. Aeth yr hanes amdano drwy'r holl wlad. Ac roedd ar bob bachgen eisiau tyfu i fod fel Dwctwl, yr Indiad a oedd yn gryfach na neb, ac yn gallu dweud wrth goed a mynyddoedd am fyhafio.

'O'r nefoedd, be sy'n bod eto?' meddai'r llanc ymhen ychydig wedi helynt y mynyddoedd. 'Does dim llonydd i'w gael.'

Indiaid o dros y dŵr oedd wedi ei ddeffro'r tro hwn.

'Y mae'n pennaeth yn wael iawn, ac mae arno eisiau dy weld cyn iddo farw,' meddai un.

Danfonodd pobl y pentre'r Indiaid dieithr a Dwctwl at y traeth. Ond dychrynodd pob un pan welson nhw'r canŵ'n cael ei lyncu gan drobwll yn y môr.

'Dwctwl—fy mab druan—mae o wedi boddi,' llefodd ei dad.

Ond doedd o ddim. Plymiodd y canŵ i lawr ac i lawr i waelod y dŵr. Roedd Dwctwl wedi clywed hanes y wlad o dan y tonnau. Ond wyddai o ddim a oedd hi'n wir yn bodoli ai peidio. Gorweddai pennaeth y wlad honno ar ei wely. A daliai bolyn mawr ar ei frest. Y polyn hwn oedd yn dal y byd yn ei le.

'Mi rydw i'n rhy wan i ddal y polyn 'ma. Rhaid i ti wneud hynny o hyn ymlaen,' meddai'r pennaeth wrtho. 'Y ti ydi'r unig un o'r Indiaid Cochion sy'n ddigon cryf i ddal y polyn a'r byd rhag symud.'

Ac yno, o dan y môr, y mae Dwctwl o hyd. Bu yno am filoedd o flynyddoedd. Ond mae yntau'n hen, hen erbyn hyn. Pwy ddaw i ddal y polyn ar ei ôl, tybed?

Tân

'Dyma beth rhyfedd,' meddai'r ci mawr un diwrnod.

Gwelodd ddarn bach o hesg ar lawr, a'i godi yn ei bawen.

'Y gwynt sy wedi ei chwythu o rywle,' meddai wedyn. 'Ond dydi hwn ddim yn wyrdd fel yr hesg sy'n tyfu wrth yr afon. Mae o'n ddu ac yn sych.'

Ni wyddai neb o'r Indiaid Cochion a oedd yn ffrindiau hefo'r ci mawr be oedd tân yr adeg honno. Ac ni wyddai'r adar na'r anifeiliaid eraill chwaith.

'Edrychwch be sy gen i,' meddai wrth yr adar. 'Be sy wedi digwydd i'r hesg?'

Ond doedd yr un ohonyn nhw'n gwybod.

'Hwyrach bod yr hesg wedi dod o'r haul, a hwnnw wedi ei losgi,' cynigiodd y dylluan.

'Na, rwy'n credu bod y gwynt wedi ei chwythu o rywle'n nes na'r haul,' atebodd y ci mawr. ''Fory fe awn ni allan i chwilio.'

Aeth yr adar i gysgu. Ond sleifiodd y ci mawr at yr afon. Torrodd rai o'r hesg a dyfai yno, a'u taro hefo brigyn nes iddyn nhw hollti'n ddarnau. Yna rhoddodd baent du arnyn nhw. Edrychai'r hesg yn union fel gwallt un o'r Indiaid Cochion erbyn hyn.

'Be wyt ti'n mynd i'w wneud hefo hwnna?' holodd yr hebog pan oedden nhw'n cychwyn ar eu taith y bore wedyn.

'Fe gewch chi weld cyn bo hir,' atebodd y ci mawr yn slei gan glymu'r hesg du wrth ei gynffon. Cofiai o ble'r oedd y gwynt yn chwythu pan welodd y darn hesg am y tro cyntaf. Ac i'r cyfeiriad hwnnw yr aeth yr adar ac yntau.

'O, ryden ni wedi blino. Beth am fynd adref?' gofynnodd yr adar lleiaf ar ôl crwydro am ddyddiau heb weld dim o bwys.

Roedd yr adar mwyaf wedi hedfan yn uchel ac ymhell, ond chawson nhw ddim lwc chwaith.

'Beth am i aderyn y si, y lleiaf un, fynd i chwilio?' meddai'r ci mawr. 'Os na wnaiff o lwyddo, yna fe awn adre'n syth.'

Ac er mor fach oedd aderyn y si, ehedodd i ffwrdd mor gyflym â meddwl. Diflannodd i'r cymylau.

'Mae o'n hir yn dod yn ei ôl. Hwyrach ei fod o wedi marw,' meddai'r eryr.

Ond ar y gair, dyma'r aderyn bychan yn dychwelyd gan ganu dros y lle:

'Newyddion da, newyddion da!'

Dywedodd ei fod wedi gweld mynydd du a'i ben bron yn yr awyr.

'Mae yna dwll mawr hefo rhywbeth coch a phoeth ynddo,' meddai aderyn y si'n gyffrous. 'Ac fe welais i fwg yn dod allan o'r twll.'

Roedd yr aderyn bychan bron â cholli ei wynt ar ôl dianc rhag y gwres i ddweud yr hanes.

'O'r fan honno y daeth yr hesg du, mae'n siŵr,' meddai'r ci mawr.

'Ac fe welais i bobl wedi gwisgo'n rhyfedd yn dawnsio,' ebe'r aderyn bach wedyn ar ôl cael ei wynt ato. 'Roedden nhw'n gweiddi "Tân! tân!" lawer gwaith.'

Aeth y ci mawr a'r adar eraill ar ôl aderyn y si. Roedd yntau wrth ei fodd yn dangos y ffordd iddyn nhw at y tân. O'r diwedd dyma gyrraedd y mynydd du, a hwnnw'n disgleirio fel darn mawr o lo yn yr haul. Roedd tafod y ci mawr yn hongian o'i geg erbyn iddo gyrraedd copa'r mynydd.

'Edrychwch!' meddai'r dylluan wrth y lleill.

Daeth dyn tal atyn nhw. Y fo oedd pennaeth yr Indiaid a oedd yn byw ar ben y mynydd. Edrychai'n gas iawn ar y ci a'r adar.

'Pwy ydech chi, a be sy arnoch chi'i eisiau yma ar y Mynydd Tân?' gofynnodd yn sarrug.

Cymerodd y ci mawr arno mai wedi dod i'w gweld yn dawnsio'r oedden nhw.

'O, popeth yn iawn felly,' meddai'r pennaeth. 'Roeddwn yn dechrau meddwl eich bod am ddwyn y tân. Does yna ddim tân yn unlle yn y byd ond ar ben y mynydd yma. A ni biau fo, a neb arall.'

'Be ydi tân?' holodd yr hebog.

'Dyma fo,' atebodd y pennaeth gan ddangos fflamau a mwg yn codi o'r priciau ar y llawr. 'Ryden ni wedi dod â thipyn o'r tân yn ofalus o geg fawr y mynydd. Ac ryden ni am ddawnsio o'i amgylch heno.'

Tra oedd yr Indiaid yn paratoi i ddawnsio, edrychai'r adar a'r ci mawr mewn syndod ar y fflamau coch a glas a melyn ac oren. Roedd arnyn nhw dipyn bach o'u hofn ar y dechrau. Ond roedd yn braf cael cynhesu wrth y tân.

'Rydw innau'n mynd i wisgo hefyd,' meddai'r ci gan roi'r bwndel o hesg du fel gwallt am ei ben.

'Rwyt yn smart ofnadwy,' meddai'r pennaeth. 'Ond dydw i ddim yn meddwl y gelli di na'r adar ddawnsio'n well na ni, Indiaid Cochion y Mynydd Tân.'

Fe fuon nhw'n dawnsio drwy'r nos. Ac roedd pawb wedi blino.

'Y mae'r tân wedi mynd yn isel iawn erbyn hyn,' meddai'r ci wrth yr eryr pan dorrodd y wawr drannoeth.

Yna'n sydyn lluchiodd y ci mawr yr hesg oddi ar ei ben i'r tân. A chyn i'r Indiaid blinedig sylweddoli be oedd yn digwydd, dechreuodd yr hesg gynnau.

'Go dda, dyna fi wedi dwyn ychydig o'r tân,' chwarddodd y ci gan ddweud wrth yr adar: 'Ewch i waelod y mynydd i ddisgwyl amdana i!'

Wedi gafael yn yr hesg yn ofalus gyda'i ddannedd, rhuthrodd y ci o ben y mynydd. Ar ôl hanner llithro a hanner syrthio, dyma gyrraedd gwaelod y mynydd du. Yn ffodus, roedd y tân yn dal ynghynn.

'Dyma ti, ehed yn uchel hefo'r tân!' gwaeddodd ar yr eryr.

Gafaelodd hwnnw yn yr hesg poeth hefo'i ddwy grafanc fawr a chododd i'r awyr. Yna ehedodd yr adar eraill i ffwrdd hefo fo. Erbyn hyn roedd yr Indiaid wedi sylweddoli be oedd wedi digwydd.

'Dweud celwydd yr oedd yr hen gi mawr yna,' sylwodd y pennaeth. 'Ac mae o wedi dwyn cryn dipyn o'n tân.'

'Ond yn waeth na hynny,' meddai un arall, 'mae o wedi diffodd ein tân ni!'

'Ac yn waeth hyd yn oed na hynny, does dim mwg yn codi o'r twll ar ben y mynydd. Mae'r tân anferth hwnnw wedi diffodd hefyd.'

Neidiai'r Indiaid Cochion fel rhai wedi mynd o'u co'.

'Dewch! Ar ôl y ci mawr â ni,' gorchmynnodd y pennaeth. 'Rhaid cael y tân yn ei ôl neu fe fyddwn farw i gyd ar ben y mynydd oer yma.'

Clywodd y ci eu lleisiau'n atseinio o graig i graig o'i gwmpas. A bu bron iddo â chael ei ladd gan saethau Indiaid Cochion y Mynydd Tân. Wedi i'r eryr flino, cludodd yr adar mawr eraill y tân yn eu tro. Ond erbyn hyn roedden hwythau wedi blino ehedeg hefyd.

'Tyrd â'r tân i mi!' gwaeddodd y ci mawr ar aderyn y si a geisiai ei gario, a methu.

Clymodd y ci yr hesg am ei gynffon unwaith eto. Ac i ffwrdd â fo. Roedd ar ormod o frys i boeni am losgi ei gynffon. Cododd y pennaeth ei ddwylo i ofyn i'r storm ei helpu. A dechreuodd fwrw glaw yn drwm. Cafodd y ci druan drafferth i gadw ei gynffon a'r tân uwchben y lli.

'Dyna hen dro. Mae'r tân bron â diffodd,' meddai wrtho'i hunan. 'Ac mae'r gelynion yn nesu.'

Roedd ar fin disgyn, a'r fflamau bron â diffodd. O'r diwedd gwelodd ogof fechan. Rhuthrodd i mewn iddi'n flinedig a gwthio carreg dros ei cheg er mwyn iddo fod yn ddiogel rhag yr Indiaid cas. Ond yna cafodd siom fawr.

'Mae'r tân wedi darfod!' llefodd yn uchel.

Erbyn hyn roedd o wedi datod yr hesg oddi ar ei gynffon. Gorweddai hwnnw'n ddu a gwlyb ar lawr yr ogof. Doedd dim llygedyn o dân ynddo na mwg yn codi ohono.

'Rhaid i mi chwythu arno,' meddai wedyn.

Chwythodd a chwythodd. Roedd bron iawn â thorri ei galon. Ond yn sydyn dyma wreichion bach, bach yn dod i'r golwg yng nghanol y pentwr du. Wrth lwc roedd digon o wair a dail sych yn yr ogof. Casglodd y ci mawr nhw'n gyflym a'u rhoi'n ofalus ar y tân bychan. Chwythodd eto'n araf deg, ac o'r diwedd dyma fflamau'n neidio fel nadroedd bob lliw o'r hesg.

'O, dyma hyfryd,' ebe'r ci gan orwedd yn flinedig i sychu ei flew o flaen y tanllwyth tân.

Cysgodd yn dawel drwy'r nos. Drannoeth agorodd geg yr ogof yn ofalus wedi gwneud yn sicr bod y tân yn dal i losgi. Ond cafodd siom unwaith yn rhagor.

'Mae eira a rhew dros y byd i gyd,' meddai'r ci mawr wrth y tân. 'Mae'n siŵr mai'r Indiaid o'r mynydd hefo'u swyn drwg ddaru eu gyrru yma i geisio dy ddiffodd di a'm lladd innau.'

Ond ymhen ychydig ddyddiau daeth yr haul yn ei ôl i'r golwg. Toddodd y rhew a'r eira, ac aeth y ci mawr yn ei ôl i'w bentref at yr adar. Cyn cychwyn, gofalodd unwaith eto glymu cangen yn llosgi wrth ei gynffon. Ac ar ôl cyrraedd adref rhannodd y tân rhwng pawb.

'Dyna chi,' meddai wrth yr adar i gyd yn llawen, 'ewch ag ychydig o dân i bobman yng ngwlad yr Indiaid Cochion.'

Aeth pawb i'w wely dan ganu'r noson honno. Roedd yr Indiaid yn llon iawn wedi cael anrheg newydd i'w cadw'n gynnes ac i goginio'u cig. Ond pan oedd y ci mawr yn troi mewn cylch cyn gorffwys am y nos, sylwodd fod blaen ei gynffon yn ddu.

'Twt, be ydi o bwys? Roedd yn werth llosgi blaen fy nghynffon er mwyn cael y tân,' chwarddodd cyn syrthio i gysgu.

A du fu blaen ei gynffon byth wedyn!

Niagara

'Mae sŵn dŵr mawr Niagara i'w glywed yn glir heno,' meddai'r hen wraig.

'Ydi,' atebodd ei gŵr, 'ond does arnat ti mo'i ofn o, nac oes?'

'Nac oes siŵr iawn,' ebe hithau. 'Er bod y rhaeadr yn swnllyd iawn fel arfer, dydi hi ddim yn codi braw arna i. Wnei di ddweud y stori honno wrtha i unwaith eto?'

Eistedd yn ymyl y tân yr oedd yr hen Indiaid Cochion. Byddai'r wraig wrth ei bodd yn clywed am Niagara, er ei bod wedi gwrando ar ei gŵr yn adrodd y stori lawer tro o'r blaen. A dyma'r hanes a ddywedodd yr hen Indiad.

Un tro roedd dynes ifanc ddel yn crio'n ofnadwy.

'Be sy'n bod?' gofynnodd ei gŵr a oedd yn ddyn cas ac yn hen iawn.

'Rwyt ti'n greulon wrtha i, yn gwneud i mi weithio'n galed drwy'r dydd, ac yn fy nharo hefo ffon,' atebodd hithau.

Roedd ei rhieni wedi gwneud iddi fynd i fyw hefo'r dyn cyfoethog. Ond penderfynodd hi redeg i ffwrdd oddi wrth ei gŵr annifyr, er mai newydd briodi yr oedden nhw. Y noson honno, daeth y dynion ifainc adref fel arfer ar ôl bod yn hela yn yr afon.

'Mi sleifia i i ffwrdd yn y canŵ acw,' meddai'r wraig ifanc wrthi'i hun wedi i bob un fynd i'w wigwam.

Neidiodd i mewn, ac i ffwrdd â hi. Ond cyn gynted ag yr oedd ar y tonnau, gafaelodd yr afon yn y canŵ fel llaw fawr. Dechreuodd yr eneth sgrechian. Ni allai lywio'r canŵ o gwbl.

'Mae rhaeadr Niagara'n ymyl,' gwaeddodd dros y lle, 'ac mi fydda i'n sicr o foddi!'

Daeth yn nes ac yn nes at ymyl y dibyn. Doedd dim a allai ei hachub. Tynnodd llaw yr afon hi a'r canŵ dros yr ochr, ac i lawr i'r ceunant. Caeodd yr eneth ei llygaid yn dynn. Syrthiodd fel carreg i lawr y rhaeadr. Hyrddiodd y dŵr mawr hi o ochr i ochr ac mewn cylchoedd. Ond yn rhyfedd iawn, ni syrthiodd o'r canŵ.

'Mi fydda i'n siŵr o daro'r creigiau yn y gwaelod!' gwaeddodd.

Ond yn sydyn, yn lle glanio gyda chlec ar wyneb y dŵr a malu'n dipiau, peidiodd y cwch â disgyn.

'Mae fel pe bai rhyw law fawr arall yn ein dal i fyny ac wedi'n hachub,' meddai'r eneth yn hapus wrth y canŵ.

Edrychodd ar y lli dŵr yn disgyn dros ymyl y creigiau. Roedd fel llenni gwyn.

'Mae ogof fawr yn y fan acw,' meddai wrth y canŵ fel pe bai hwnnw'n ei deall, 'y tu ôl i'r dŵr sy'n disgyn.'

Yr eiliad nesaf clywodd lais yn dod o'r ogof.

'Dewch, rhwyfwch ata i,' ebe'r llais.

Er bod y llais yn un caredig, llais cawr oedd o. Doedd ar yr eneth ddim ofn chwaith.

'Pwy ydech chi?' holodd wrth lywio'r canŵ o dan y rhaeadr ac i mewn i'r ogof tuag at y llais.

'Hinwn, y cawr caredig, ydw i. Rydw i'n ffrindiau pennaf hefo Niagara, y rhaeadr. Dywedodd hi'r hanes wrtha i am dy ŵr cas. Ac ryden ni am dy helpu. Cei aros yma yn yr ogof nes bydd dy ŵr creulon wedi marw. Fy llaw i ddaru ddal y canŵ rhag cael ei ddryllio. A Niagara ddywedodd wrtha i be i'w wneud hefo ti wedyn.'

Teimlai'r eneth ifanc yn llon iawn wedi clywed y cawr ffeind yn siarad. Bu'n byw'n hapus yn yr ogof, a Hinwn a Niagara'n gofalu amdani. Yna un diwrnod, dywedodd y cawr wrthi fod ei gŵr yn prynu gwin drwg gan y bobl wyn ac yn ei werthu i'r Indiaid Cochion.

'Mae hyn yn gwneud yr Indiaid yn wyllt,' ebe Hinwn. 'Mae'n rhaid i mi dy adael am dipyn i ddysgu gwers i'r hen genau.'

Daeth o hyd i'r dyn creulon yn cyfrif ei arian a'i drysorau yn ei wigwam.

'Does arna i mo d'ofn di,' ebe gŵr yr eneth wrth y cawr.

Er bod Hinwn yn anferth o ddyn, gallai'r llall ei newid ei hun yn garreg. Ac er i'r cawr ei daro yn ei ben a'i stumog, ac anelu saeth ato, doedd hyn yn niweidio dim arno. Dechreuodd y dyn carreg redeg ar ôl y cawr. Allai Hinwn ddim deall y peth o gwbl, a ffodd am ei fywyd. Dringodd un o'r creigiau uwchben y rhaeadr.

'Gobeithio y byddi'n ddiogel yn y fan yna,' meddai Niagara wrtho. 'Dal d'afael yn dynn yn y graig. Mae'r dyn sy'n rhedeg ar d'ôl yn gallu gosod swynion drwg ar bawb a phopeth. Paid â gadael iddo dy wthio dros y dibyn ac i lawr i'r ceunant!'

Erbyn hyn roedd yr hen ddyn drwg wedi troi'n ddraig, a honno'n poeri fflamau. Daeth yn nes at Hinwn a lynai fel glud yn y graig yng nghanol y tonnau uwchben y rhaeadr. Er ei bod wedi ei gwneud o garreg, gallai'r ddraig symud mor gyflym â llewpart.

'O, mae hi'n siŵr o dy losgi di neu dy daflu i'r gwaelod!' llefodd Niagara. 'A dydw i ddim yn meddwl y galla i wneud dim yn erbyn swynion du yr hen ddraig yna. Ond mi geisia i 'ngorau i dy helpu!'

Erbyn hyn safai'r ddraig uwchben Hinwn. Teimlai yntau ei hun yn mynd yn wannach ac yn wannach. Ceisiodd beidio ag edrych i lygaid milain yr anghenfil. Bu'n troi a throsi ar y graig lithrig rhag i'r tafod tân ei losgi. Wrth wneud hyn, ddaru Hinwn ddim sylwi ar un grafanc fawr yn dod amdano o'r tu ôl iddo.

'Ha, ha, dyma fi wedi dy ddal o'r diwedd!' meddai'r ddraig.

Cododd hi Hinwn yn uchel yn ei chrafanc. Clywodd yr eneth ofnus a oedd yn gwrando yn yr ogof lais Niagara'n galw ar y cawr caredig.

'Neidia o'i chrafanc. Neidia o'i gafael ar y graig arall acw cyn ei bod yn rhy hwyr!'

'Ho, ho, fedr o ddim dianc o'm gafael i!' rhuodd y ddraig.

Ond yr eiliad honno, llithrodd y bwystfil oddi ar y graig. Cafodd Hinwn ei daflu i'r awyr. Wrth lwc, glaniodd yn ddiogel yn yr afon, a nofiodd at y graig arall. Syrthiodd y ddraig dros y dibyn ac i waelod rhaeadr Niagara. Ac ni allai'r ysbrydion drwg ei helpu. Trodd y ddraig yn ddyn carreg hanner ffordd i lawr. Ac yna trawodd yn erbyn y creigiau yn y gwaelod. Malwyd y corff carreg yn gannoedd o gerrig bach a chwalwyd y rheini i bob man. Ac maen nhw'n dal yno o dan y rhaeadr.

'Diolch byth dy fod yn fyw,' ebe Niagara gan yrru'r cawr i ddweud yr hanes wrth yr eneth ifanc yn yr ogof.

'Dyna ti, mae popeth yn iawn,' meddai Hinwn wrthi. 'Mi a' i â thi adref at yr Indiaid Cochion eraill.'

Gofalodd y cawr am ei harwain yn saff o'r ogof. Cododd y canŵ a'r eneth gydag un llaw. A stopiodd Niagara ddisgyn nes yr oedd Hinwn wedi codi'r ferch a'i chanŵ yn ofalus a'u gosod ar y lan uwchben.

'Cofia fi at bawb o'r Indiaid Cochion,' meddai Hinwn wrthi'n glên. 'Cei ddewis gŵr ifanc golygus i'w briodi wedi mynd adref—un gwell o lawer na'r llall!'

Edrychodd y ferch dlos ar y cawr ffeind yn neidio yn ei ôl i'r dŵr. Diflannodd i'r ogof lle byddai'n gwmpeini i Niagara.

Cafodd yr eneth groeso cynnes gan yr Indiaid pan aeth i'w phentref. Roedden nhw'n methu deall i ble'r oedd ei gŵr creulon wedi mynd.

'Dewch gyda mi,' meddai'r eneth pan oedden nhw'n 'cau coelio ei stori.

Edrychodd yr Indiaid dros ymyl y graig uwchben y rhaeadr.

'Ie wir, dacw'r cerrig,' meddai un. 'Ac mae pob un fel rhan o gorff dyn.'

Cododd pennaeth yr Indiaid ei law i ddweud rhywbeth pwysig wrthyn nhw cyn mynd adref.

'Gwers ydi hon,' meddai, 'i beidio ag yfed gwin drwg y dynion gwyn.'

'A pheidio â bod yn greulon wrth ferched,' meddai'r eneth brydferth gan wenu.

Cytunodd pawb, ac yn ôl â nhw i'r gwersyll i orffwys. Ond bu'r eneth yn hir cyn cysgu. A'r noson honno breuddwydiodd am Hinwn a'r hen ddraig hyll, ac am Niagara.

Neidr yr Enfys

'Gobeithio y daw'r glaw cyn hir,' meddai un o'r Indiaid Cochion ryw ddiwrnod.

Bu'n dywydd sych ers wythnosau. Doedd y gwair ddim yn tyfu, ac felly doedd gan yr anifeiliaid ddim bwyd. Roedd yr haul wedi llosgi'r planhigion bron i gyd.

'Fedrwn ni ddim hela byffalo i gael cig am eu bod wedi mynd i ffwrdd i chwilio am ddŵr,' ebe Indiad arall.

'A fedrwn ni ddim pysgota chwaith gan fod y pysgod wedi gadael ein hafonydd,' ebe'i wraig.

'Ond mae bod heb ddŵr yn waeth na methu cael bwyd,' atebodd ei gŵr. 'Mi fethais i gael tropyn yn unlle. Mae'r afonydd a'r llynnoedd wedi sychu'n grimp.'

Eisteddai'r Indiaid sychedig yng nghysgod un o'r coed. Roedden nhw wedi dawnsio lawer gwaith i geisio cael glaw, ond doedd dim cwmwl i'w weld yn yr awyr las. Crwydrai'r bechgyn ifainc ymhell i chwilio am ddiod ond dod yn eu holau'n siomedig roedden nhw bob tro. Ac ni wyddai'r hen Indiaid doeth beth i'w wneud chwaith.

'Mi fyddwn i gyd farw. A fydd yna'r un Indiad Coch ar ôl,' meddai un o'r dynion hynaf o gysgod y goeden.

'Fe alla i dy helpu!'

Meddyliodd yr hen Indiad mai dychmygu yr oedd. Caeodd ei lygaid a phendwmpian eto wrth fôn y goeden.

'Mae'n well i ti wrando arna i. Y fi ydi'r unig un all eich helpu chi'r Indiaid Cochion i gael glaw,' ebe'r llais wedyn.

Rhwbiodd yr Indiad doeth ei lygaid gan edrych o'i gwmpas. Ddywedodd o ddim byd wrth y lleill rhag ofn iddyn nhw chwerthin am ei ben. Roedd rhai'n dweud yn barod ei fod yn clywed ac yn gweld pethau nad oedd yno, am ei fod mor hen. Ond nid dychmygu'r oedd o y tro hwn. Gwelodd neidr yn ymyl ei droed. Y hi oedd yn siarad hefo fo.

'Sut y gelli di ein helpu i gael glaw?' gofynnodd yr hen ŵr iddi'n ddistaw.

'Rwy'n gallu swyno a hudo,' atebodd y neidr garedig. 'Dim ond i ti fy nhaflu'n uchel i'r awyr, mi wnaiff hi ddechrau bwrw.'

Bu bron i'r hen Indiad â chwerthin pan glywodd beth mor rhyfedd. Ond roedd yn werth trio unrhyw beth er mwyn cael glaw. Roedd unrhyw beth yn well na marw yng ngwres mawr yr haul. Felly cytunodd i daflu'r neidr i'r awyr.

'Ond fe fyddi'n siŵr o syrthio i'r ddaear a chael dy ladd,' meddai wrth yr anifail.

'Na, bydd y cen ar fy nghefn yn fy helpu i lynu'n sownd yn yr awyr,' atebodd y neidr. 'Mae yna gaeau mawr o rew glas yn uchel, uchel i fyny. Ac os gwnei di fy lluchio yno, mi rwbia i dipyn o'r rhew i ffwrdd hefo'r cen. Bydd yn troi'n law wedyn wrth syrthio i'r ddaear.'

Gwrandawodd yr Indiad yn syn ar y neidr yn egluro. Doedd o erioed wedi clywed am y fath beth o'r blaen.

'Ond anifail bychan a thenau wyt ti,' meddai wedyn, 'a fedri di ddim rhwbio llawer o'r rhew i ffwrdd felly.'

'Paid â gwastraffu amser yn hel esgus fel hyn,' ebe'r neidr, a oedd yn dechrau colli amynedd. 'Mi alla i ymestyn fy nghorff dros y gorwel i gyd.'

Daeth yr Indiaid eraill yn nes at yr hen ŵr ar ôl ei glywed yn siarad hefo rhywbeth yn y gwair sych.

'Mae o'n dechrau drysu,' meddai un wrth ei weld yn gafael mewn neidr ac yn ei luchio'n uchel i'r awyr uwch eu pennau.

'Edrychwch be sy'n digwydd!' gwaeddodd un o'r gwragedd.

Cododd pawb eu dwylo i gadw'r haul o'u llygaid wrth syllu.

'Mae'r neidr yn tyfu'n fwy ac yn fwy wrth fynd yn uwch,' ebe un o'r plant yn gyffrous.

'Ydi,' meddai ei ffrind, 'ac mae 'i phen ymhell, bell i'r chwith yn y fan acw.'

Trodd pawb i weld pen y neidr y tu draw i'r coed yn y pellter.

'Ac mae blaen ei chynffon bron o'r golwg yn y fan acw!' gwaeddodd merch fach gan ymestyn ei bys yn syn i'r dde.

Trodd pob un i edrych, a gweld ei bod yn dweud y gwir.

'Mae 'i chefn fel pont neu fynydd uwch ein pennau!' ebe mam yr eneth.

Erbyn hyn roedd y neidr wedi tyfu'n ddigon mawr i lenwi'r awyr gyfan. Gwelsant hi'n symud ei chefn yn ôl ac ymlaen yn araf deg.

'Rhwbio'r rhew i ffwrdd odd' ar y caeau glas y mae hi,' eglurodd yr hynaf o'r Indiaid.

'Edrychwch, mae'r neidr yn newid ei lliw!' gwaeddodd y plant i gyd gan chwerthin a churo'u dwylo wrth weld peth mor hardd. Welson nhw erioed y fath liwiau prydferth. A dyma nhw'n dechrau gweiddi ar draws ei gilydd wrth wylio'r saith lliw yn sgleinio yn yr haul.

'Mae'r coch fel gwaed.'

'A'r orens yr un fath ag aeron yn yr hydref.'

'Edrychwch ar y melyn fel yr haul ei hun.'

'A'r gwyrdd yn gwneud i mi feddwl am y gwair pan oedd hi'n bwrw glaw ers talwm.'

'Mae'r glas yn debyg i'r llynnoedd pan oedden nhw'n llawn o ddŵr oer a glân, a physgod.'

'Ac edrychwch ar yr indigo a'r fioled fel lliw'r awyr cyn iddi nosi'n iawn.'

Yna peidiodd lleisiau'r plant yn sydyn. Teimlodd pawb rywbeth yn disgyn ar eu hwynebau—rhywbeth nad oedden nhw wedi'i deimlo ers misoedd. Dechreuodd y plant sgrechian yn llon unwaith eto:

'Glaw, glaw ydi o. Mae'r glaw wedi dod yn ei ôl!'

Dawnsiai'r Indiaid gan ddiolch i'r hen ŵr, a gweiddi ar y neidr a drodd yn enfys yn yr awyr:

'Diolch yn fawr i ti, neidr garedig!'

Disgynnodd y glaw yn drymach ac yn drymach. Daliai'r

Indiaid y diferion dŵr gloyw yn eu dwylo a'u hyfed yn gyflym.

'Edrychwch, mae dŵr yn yr afonydd a'r llynnoedd unwaith yn rhagor,' meddai'r hen ŵr doeth.

Dechreuodd y gwair a'r blodau aildyfu. A daeth y byffalo'n eu holau i bori, a'r pysgod i nofio yn y dŵr. Ac wrth eu mwynhau eu hunain, gwelodd ambell un neidr yn codi ei chefn yn y gwair gwlyb fel lastig neu ruban lliwgar.

'Maen nhw'n ceisio dawnsio fel ni!' chwarddodd y plant gan ddal ymlaen i chwarae a chael hwyl nes yr oedd yn amser gwely.

Glwscap

Roedd Glwscap yn wahanol i bob un o'r Indiaid Cochion eraill. Cafodd fyw am gannoedd o flynyddoedd, a gwnaeth lawer o bethau da. Ond roedd ei frawd, Malswm, yn un gwahanol iawn. Glwscap wnaeth y planhigion a'r llysiau da i fod yn fwyd i'r Indiaid. Y fo hefyd ddaru ddofi'r anifeiliaid gwyllt ac ymladd yn erbyn gwrachod ac angenfilod hyll. Ond roedd Malswm wrth ei fodd yn gwneud planhigion a oedd yn wenwyn, ac yn rhoi min ar ddannedd bwystfilod er mwyn iddyn nhw ladd. Ac roedd yn ffrindiau hefo pob anghenfil a dewin drwg. Roedd yn gas gan Malswm ei frawd.

'Y ni yw'r ddau bwysicaf yn y byd,' ebe Malswm. 'Dyden ni byth yn sâl. A does dim a fedr fy lladd i ond gwraidd rhedyn. Be ydi'r unig beth a fedr dy ladd di?'

'Pluen tylluan,' atebodd Glwscap gan wenu.

Gwyddai fod ar Malswm eisiau ei ladd. A doedd o ddim yn ddigon gwirion i ddweud y gwir wrth un mor greulon. Drannoeth clywodd Glwscap ei frawd yn ei alw allan o'r wigwam. Gwelodd Malswm yn anelu ei fwa ato. Gwibiodd y saeth, hefo'r bluen aden tylluan ynddi, drwy'r awyr. Trawodd Glwscap yn ei frest, a syrthiodd hwnnw i'r llawr. Cymerodd arno ei fod wedi marw.

'Y fi ydi'r un mwyaf enwog yn holl wlad yr Indiaid Cochion!' gwaeddodd Malswm gan redeg i'r goedwig yn llawen.

'Lwc na ddaru mi ddweud y gwir wrtho,' meddai Glwscap gan godi. 'Corsen, ac nid pluen tylluan yw'r unig beth sy'n gallu fy lladd i. Mae'n dda nad oes neb arall yn gwybod hynny.'

Ond gwnaethai gamgymeriad. Roedd llyffant du'n gwrando arno. Aeth hwnnw cyn gynted ag y gallai i ddweud wrth ei ffrind, Malswm.

'Ond mi welais i 'mrawd yn syrthio'n farw,' meddai'r Indiad wrth yr anifail hyll.

'Tric oedd o,' atebodd y llyffant du, 'ond mi wn i be sy'n gallu ei ladd.'

'Be felly?'

'O, mae'n rhaid i ti wneud cymwynas â mi i ddechrau.'

'Popeth yn iawn, ond dywed y gwir wrtha i.'

Dywedodd y llyffant du be roedd o wedi'i glywed. Ond gwrthod rhoi adenydd i'r llyffant ddaru Malswm. Dyna oedd y gymwynas i fod am gael gwybod y gwir.

'Pwy yn y byd glywodd am lyffant oedd eisiau hedfan!' chwarddodd Malswm yn greulon gan redeg i chwilio am gorsen i ladd ei frawd.

Gwylltiodd y llyffant du. Aeth at Glwscap i ymddiheuro am fod mor ffôl. Diolchodd yr Indiad enwog iddo.

'Gwylia dy hun, mae Malswm am dy waed,' meddai'r anifail bach.

'Paid â phoeni, mi a' i ar ôl y cnaf y munud yma,' atebodd Glwscap.

Brysiodd i chwilio am wraidd rhedyn. Yna cuddiodd y tu ôl i goeden. Gwelodd ei frawd yn nesu, gan edrych o gwmpas am gorsen.

'Gwylia am dy fywyd!' gwaeddodd Glwscap gan neidio i'r golwg.

Trawodd ei frawd ar ei ysgwydd hefo'r gwraidd. Syrthiodd hwnnw'n farw yn y fan. Ond am ei fod yn frawd iddo, penderfynodd Glwscap ei godi'n ei ôl yn fyw. Gallai wneud pethau rhyfedd felly hefo'r nerth a oedd ganddo.

'Chei di ddim dod yn d'ôl i fyw fel Indiad Coch chwaith,' ebe Glwscap. 'Blaidd fyddi di o hyn allan. Ie, hen flaidd hyll, a phawb yn dy gasáu!'

A dyna a ddigwyddodd. Cafodd Glwscap lonydd am flynyddoedd wedyn. Roedd llawer yn dod i'w wigwam i geisio cymorth ganddo gan ei fod mor ddoeth. Un diwrnod, daeth tri dyn ato gan ofyn am ffafr.

'Fe hoffwn i allu canu'n swynol, yn well na neb yn y byd,' ebe'r cyntaf.

'Cael pobl i chwerthin hoffwn i,' meddai'r ail.

'Byw am fwy o flynyddoedd na neb arall—dyna 'nymuniad i,' sibrydodd y trydydd gŵr.

Gwyddai Glwscap mai pobl yn meddwl am ddim ond amdanyn nhw eu hunain oedd y dynion hyn. Er hynny, roedd yn fodlon gwneud ffafr â phob un. Ond roedd am ddysgu gwers iddyn nhw'r un pryd. Aeth â'r tri i le clir yn y goedwig. Rhoddodd ei ddwylo ar ben ac ysgwyddau'r gŵr a oedd eisiau byw'n hir. Teimlodd hwnnw ei gorff yn mynd yn dewach, ac ni allai symud. Roedd Glwscap wedi ei droi'n hen goeden!

'Dyna ti. Fydd ar neb eisiau torri dy ganghennau di na chodi dy wreiddiau. Cei aros yna'n hir, hir,' meddai Glwscap.

Crynai'r ddau arall wrth feddwl be fyddai eu cosb nhw am ofyn am ddwy gymwynas mor dwp. Rhoddodd yr Indiad enwog flwch i bob un gan ddweud:

'Dyma i chi flychau wedi eu gwneud o risgl coed bedw. Mae un yn llawn o gân, a chwerthin yn llenwi'r llall. Cymerwch yr anrhegion y gofynnoch chi amdanyn nhw. Ond cofiwch beidio ag agor y blychau nes y cyrhaeddwch adref.'

Gwyddai Glwscap yn iawn be fyddai'n digwydd wedyn. Cyn gynted ag yr aethon nhw o'i olwg, peidiodd y ddau â rhedeg ac agor y blychau. Ar amrantiad, dechreuodd un ganu fel aderyn. Ar y dechrau, roedd wrth ei fodd. Ond pan sylweddolodd na allai beidio â chanu, dychrynodd yn fawr. Ffodd yr anifeiliaid o'i ffordd, wedi blino ar glywed ei lais o hyd ac o hyd.

'Fedra i ddim hela i gael bwyd,' meddai'r dyn gwirion yn ddigalon.

Bu'n byw ar aeron a chnau am ychydig amser. Ond pan ddaeth y gaeaf oer a chaled, doedd dim bwyd o fath yn y byd iddo'i gael. A bu farw yn yr eira.

Diwedd digon trist fu i'r dyn arall hefyd. Roedd pawb yn mwynhau gwrando ar ei straeon difyr ar y dechrau. Chwarddai'r Indiaid Cochion am ben ei hanesion doniol.

Ond ar ôl ychydig fisoedd, cawsant lond bol ar wrando arno.

'Ryden ni'n gwastraffu'n hamser yn gwrando ar hwn ac yn chwerthin o hyd,' ebe un wraig, 'yn lle bod yn brysur yn hela i ofalu bod digon o gig i'n teuluoedd.'

'Dos i ffwrdd i grwydro'r coedwigoedd ar dy ben dy hun,' meddai Indiad arall wrtho.

A dyna ddigwyddodd. Gwrandawai'r plant yn syn ar eu rhieni'n adrodd hanes y dyn yma nad oedd yn gall. Chwarddai yn y goedwig a sgrechian ar y coed o'i gwmpas am nad oedden nhw'n canu ac yn dawnsio fel fo.

'Dyna sy'n digwydd wrth ofyn am bethau gwirion,' ebe'r tadau wrth eu plant.

'Ie,' meddai'r mamau, 'dyna sy i'w gael am fynnu bod yn well na phawb arall. Bod yn garedig a helpu, fel Glwscap, sy'n bwysig.'

Wedi byw am amser hir, daeth yn adeg i Glwscap adael gwlad yr Indiaid. A'r stori yr hoffai'r plant ei chlywed yn fwy na'r un oedd honno amdano'n mynd ar ei daith olaf. Gwrandawent yn astud ar eu teidiau a'u neiniau'n dweud fel y gwaeddodd un o'r Indiaid Cochion ar Glwscap un diwrnod:

'Mae ynys fawr yn nofio atom ni dros y môr, a phobl wyn eu croen yn dringo'r coed ar yr ynys! Ac mae'r adar sy wedi hedfan drosti'n dweud bod y criw'n siarad iaith wahanol i ni.'

'Na, nid ynys ydi hi, ond canŵ mawr, mawr,' atebodd Glwscap. 'Llong hwyliau maen nhw'n ei galw. Y mae yna lawer o bethau drwg yn mynd i ddigwydd i ni'r Indiaid Cochion ar ôl i hon gyrraedd.'

Roedd y bobl yn ddigalon iawn pan ddywedodd Glwscap ei fod wedi mynd yn rhy hen i'w helpu i ymladd yn erbyn y bobl ddrwg yma o dros y môr. Galwodd Glwscap ar forfil. A daeth hwnnw i'r lan yn barod i'w gario i ynys bell ar draws y tonnau cyn i'r gelynion ddod. Criai'r Indiaid Cochion i gyd wrth ei weld yn ymadael. Dalient i syllu'n syn ar y gorwel wedi i'r morfil a Glwscap fynd o'u golwg.

'Ond mae o'n siŵr o ddod yn ei ôl ryw ddiwrnod,' meddai un hen ŵr wrth y plant a eisteddai'n gwrando. 'Pan fydd 'na storm o fellt a tharanau, Glwscap mewn tymer ddrwg fydd hynny. A phan fydd hi'n dywyll yn y nos heb y sêr, dyna'r adeg y bydd o'n cysgu.'

'Pryd ddaw o, Taid?' gofynnodd un o'r merched bach.

'O, pan fydd o wedi llenwi ei wigwam newydd ar yr ynys bell hefo saethau. Wedyn fe ddaw yma a gyrru'r bobl wyn, greulon i ffwrdd am byth.'

'Mi fydd hynny'n braf,' ebe'r eneth, 'a phawb yn hapus yng ngwlad yr Indiaid Cochion wedyn.'

Dwyn yr Haul

Ers talwm doedd yna ddim haul yn tywynnu yng ngwlad yr Indiaid Cochion. Roedd Hen Ŵr yr Afon wedi cuddio'r haul mewn bag mawr yn ei dŷ. A chuddiodd y lleuad a'r sêr yno hefyd.

'Rydw i am ddwyn yr haul,' meddai'r gigfran, 'a'i roi i'r Indiaid. Y mae'n annifyr arnyn nhw'n gorfod byw yn y tywyllwch o hyd.'

Gallai'r aderyn hwn ei newid ei hun i fod yn unrhyw beth. A phenderfynodd droi'n faban bach.

'Y mae merch Hen Ŵr yr Afon yn mynd i gael babi,' meddai wrtho'i hunan, 'a fi fydd y plentyn hwnnw.'

Wyddai mam y baban ddim byd am hyn. Roedd hi a'i thad wrth eu boddau pan anwyd y plentyn. Ond un diwrnod dywedodd merch Hen Ŵr yr Afon:

'Mae'r babi yma'n crio o hyd.'

'Rho fwy o fwyd iddo,' meddai ei thad yn flin wrthi.

Ond dal i grio a chrio a wnâi'r plentyn, er ei fod yn cael llond ei fol o fwyd.

'Mae o'n edrych bob munud ar y bagiau sy'n hongian o'r to,' meddai'i fam.

'Paid ti â gadael iddo chwarae hefo nhw!' gwaeddodd Hen Ŵr yr Afon yn uchel.

Ond daliai'r babi i godi ei freichiau tuag at y bagiau.

'Mi ddalia i i sgrechian nes ca i un o'r bagiau,' meddyliodd y bychan.

Allai'r hen ŵr na'i ferch gysgu dim yn ystod y nos, a chaen nhw ddim llonydd yn ystod y dydd am fod y babi'n cicio a chrio a gweiddi. Ac o'r diwedd dywedodd Hen Ŵr yr Afon:

'Mae'n rhaid i ni roi'r bag lleiaf i'r babi er mwyn iddo fod yn ddistaw ac i ninnau gael llonydd.'

Roedd y tŷ'n dawel braf am ychydig wedyn, a'r babi wrth ei fodd yn chwarae gyda'i degan newydd. Yna agorodd geg y bag.

'O, dyna hardd!' meddai mam y baban wrth weld y sêr yn hedfan o'r bag ac i'r awyr.

Ond roedd ei thad mewn tymer ddrwg, a ddaru o ddim siarad hefo'i ferch na'r babi am ddyddiau. Daliai'r bychan i sgrechian drwy'r dydd a'r nos ar ôl colli'r sêr.

'Mae'n rhaid iddo gael yr ail fag,' meddai ei fam a'i llygaid yn goch.

Doedd Hen Ŵr yr Afon ddim yn fodlon o gwbl. Ond gan ei fod yntau bron â disgyn eisiau cysgu, rhoddodd y bag hefo'r lleuad ynddo i'r baban. Unwaith eto peidiodd y plentyn bach â chrio am ychydig. Ond wedi datod y llinyn am geg y bag a gollwng y lleuad allan i'r awyr, dechreuodd weiddi unwaith yn rhagor.

'Mi wna i'n siŵr na fydd o ddim yn gallu agor y trydydd bag,' meddai ei daid drannoeth yn hanner gwallgof.

Clymodd y llinyn am geg y bag yma'n dynn, dynn. Yna lluchiodd o at y plentyn. Methodd y baban agor y llinyn. A chyn i'w fam a'i daid sylweddoli be oedd yn digwydd, roedd wedi newid yn ei ôl yn gigfran. Ehedodd allan trwy'r drws agored a'r bag yn ei phig. Cododd Hen Ŵr yr Afon ei ddwrn ar y lleidr a oedd wedi dwyn y sêr, y lleuad a'r haul. Eisteddodd y ferch wedi torri ei chalon.

'Dacw Indiaid yn pysgota yn yr afon,' meddai'r gigfran wedi hedfan am ychydig.

Roedd bron â marw eisiau bwyd erbyn hyn. Daeth i lawr o'r awyr a glanio yn eu canŵ. Er ei bod yn dywyll roedd hi a'r Indiaid Cochion yn gallu gweld yn bur dda.

'Os ca i bysgod, mi gewch chithau'r haul gen innau,' meddai'r aderyn wrth y pysgotwyr.

Ond chwerthin am ei phen hi wnaeth yr Indiaid.

'Does gynnon ni ddim digon o bysgod i ni'n hunain heb sôn am roi rhai i ti,' meddai un, 'ac mae'n anodd gweld dim, bron, yn y tywyllwch yma.'

'Rwyt ti'n chwarae triciau arnon ni o hyd, yr hen gigfran. Dos i ffwrdd a phaid â dweud celwydd,' ebe un arall.

Ehedodd y gigfran o un canŵ i'r llall i ofyn am fwyd. O'r diwedd rhoddodd un o'r Indiaid Cochion caredig fwyd iddi, ar ôl deall mai hi oedd wedi rhoi'r lleuad a'r sêr i oleuo'r awyr yn y nos.

'A dyma anrheg i tithau,' meddai'r gigfran wrth y llanc wedi iddi lyncu llond ei stumog o bysgod blasus.

Torrodd dwll yn y bag hefo'i phig a neidiodd y pelydryn cyntaf o haul allan. Edrychodd yr Indiaid arno'n syn.

'Mae o fel saeth aur,' meddai un.

'Fel mellten yn sgleinio'n felyn!' ebe un arall.

Gafaelodd y gigfran yn yr haul a'i dynnu allan i gyd.

'Mae'r golau mawr yn ein dallu!' gwaeddodd yr Indiaid.

Neidiodd pawb ar eu traed yn eu canŵod. Syrthiodd rhai i'r dŵr wrth brancio'n hapus.

'Edrychwch, mae'r byd i gyd yn newid!' gwaeddodd un o'r Indiaid Cochion yn llawen.

Am eu bod wedi byw mewn tywyllwch yn ystod oriau'r dydd, roedd pawb yn wan a llwyd. Ond wedi i'r haul ddod, tyfodd yr Indiaid yn gryf ac yn iach.

'Yn ôl â ni i'r môr i ladd siarc a morfil yn lle pysgod bach yr afonydd!' meddai un o'r bechgyn ifainc un diwrnod.

'Edrychwch ar y coed a'r blodau ar lan yr afon!' chwarddodd un o'r merched.

Ac yn lle planhigion bach gwan, tyfai coed yn uchel a sydyn. Roedd y blodau mwyaf a welodd neb erioed yn gwneud pob man yn lliwgar. Tywynnai'r haul fel popty crwn uwchben gwlad yr Indiaid Cochion gan wneud pawb yn llon—pawb ond Hen Ŵr yr Afon. Penderfynodd y gigfran fynd i'w weld.

'Rwyt ti wedi gwneud camgymeriad wrth ddod yn d'ôl,' meddai merch yr hen ŵr wrth yr aderyn. 'Mae 'nhad wedi troi ei het swyn yn ôl ac ymlaen am ei ben i geisio cael gafael arnat. Ac mae o wedi llwyddo.'

'Twt, pa wahaniaeth am ei hen het swyn ddwl,' atebodd y gigfran. 'Galw ar dy dad i ddod allan o'r tŷ i weld yr haul a'r byd i gyd yn olau.'

'Rydw i'n falch o weld yr haul, ond mae 'nhad yn siŵr o dy ladd am ei ddwyn, ac am ddwyn y sêr a'r lleuad hefyd,' atebodd y ferch gan ddechrau crio.

Yr eiliad honno daeth Hen Ŵr yr Afon o'i gartref a golwg filain arno.

'Rydw i am dy foddi di a'r byd i gyd!' rhuodd gan droi ei het swyn i'r dde.

Neidiodd dŵr o'i het a llenwi'r tŷ a'r ddaear o'i gwmpas. Trodd y gigfran y ferch yn bysgodyn. Nofiodd hi i ffwrdd yn ddiogel ac ehedodd yr aderyn uwchben y tonnau.

'Ha, ha. Mae'r byd i gyd yn boddi!' chwarddodd yr hen ŵr creulon.

Roedd yr holl goed a'r blodau wedi eu cuddio gan ddŵr. Rhuthrodd yr anifeiliaid a'r bobl i'r bryniau o ffordd y llifogydd. Clywodd y gigfran yr hen ŵr yn sgrechian o rywle:

'Ho, ho, dyma fi'n talu'n ôl i ti am ddwyn yr haul!'

Erbyn hyn roedd cymylau a glaw wedi cuddio'r haul. Edrychai'r gigfran yn drist wrth weld holl gartrefi'r Indiaid dan ddŵr, a chyrff anifeiliaid a phobl ar wyneb y tonnau. Dim ond pen y mynydd uchaf oedd i'w weld erbyn hyn, ac yno yr oedd hi'n sefyll. Doedd dim golwg o Hen Ŵr yr Afon chwaith.

'Mae'n siŵr ei fod yntau wedi boddi yn y dilyw,' meddai'r gigfran wrthi'i hun.

Dechreuodd grio'n dawel ar y graig ar gopa'r mynydd unig.

'Y mae pawb a phopeth wedi boddi,' meddyliodd.

Ond yn sydyn clywodd leisiau bychain gwan:

'Help, helpwch ni!'

Cododd y gigfran ei phen. Gwelodd bedwar o blant bach yn nofio ac yn glynu yn y graig wrth ei hymyl. Roedd y dŵr bron â chyrraedd pen uchaf y mynydd erbyn hyn. Agorodd y gigfran ei hadenydd ac ehedodd yn uchel i'r awyr hefo'r plant.

'Mi ofala i amdanoch nes bydd y dilyw wedi cilio,' meddai hi wrthyn nhw.

Arhosodd y gigfran a'r plant yn yr awyr am ddau ddiwrnod cyfan.

'Hwrê, dacw'r haul yn dod allan eto!' chwarddodd un o'r plant.

Arhosodd yr aderyn nes i'r haul sugno digon ar y dŵr iddyn nhw allu sefyll ar y mynydd unwaith eto.

'Diolch yn fawr am ein hachub,' meddai'r hynaf o'r plant. 'Fase yna neb o'r Indiaid Cochion ar ôl oni bai amdanoch chi.'

'Peidiwch â sôn. Croeso mawr!' atebodd y gigfran cyn hedfan i ffwrdd yn llawen. Ar y mynydd y tu ôl iddi tywynnai'r haul yn gynnes ar y plant.

Gwynt y Gogledd

'Adref â ni, mae Cabibonoca'n dod!' gwaeddodd un o'r Indiaid wrth y lleill ryw ddiwrnod.

Enw gwynt oer y gogledd oedd Cabibonoca, a doedd neb yn ei hoffi. Roedd yr Indiaid Cochion wedi bod yn pysgota yn y gogledd drwy'r haf gan ddal llawer o bysgod. Ond erbyn hyn roedd y gaeaf yn dod yn ei ôl, a Cabibonoca'n dychwelyd adref i Wlad y Rhew wedi iddo fod yn crwydro.

'Mae croeso i chi fynd, ond rydw i am aros yma yng Ngwlad y Rhew,' atebodd Singebis wrth ei gyfeillion.

Indiad ifanc dewr oedd Singebis. Doedd gwynt creulon y gogledd ddim yn codi ofn arno fo.

'Rwyt ti'n wirion iawn. Ryden ni'n gwybod dy fod yn glyfar ac yn gallu gwneud pob math o driciau. Ond bydd Cabibonoca'n siŵr o dy droi di'n dalp o rew,' meddai un o'r hen Indiaid wrth baratoi i fynd yn ei ôl i'r de.

'Peidiwch â phoeni amdana i. Mae gen i ddillad lledr i'm cadw'n gynnes wrth bysgota yn ystod y dydd,' ebe Singebis. 'Ac fe alla i wneud tân y tu mewn i'r wigwam drwy'r nos heb i'r lle losgi. Does dim peryg' i'r hen wynt y gogledd yna ddod yn agos at y fflamau.'

Wedi ceisio eu gorau i newid ei feddwl, trodd ei ffrindiau am y de ac am eu cartrefi.

'Welwn ni byth mo Singebis eto!' meddai un yn drist.

'Piti ei fod mor bengaled,' atebodd un arall wrth iddo fo a'r lleill ddiflannu o olwg yr Indiad dewr.

Aeth Singebis ati i hel cymaint o goed tân ag y gallai. Bob nos eisteddai o flaen y fflamau yn y wigwam yn canu'n braf wrth gofio am yr holl bysgod roedd wedi eu dal yn ystod y dydd. Gan ei bod mor oer erbyn hyn, roedd yn rhaid iddo dorri twll yn y rhew ar wyneb y llyn bob bore cyn dechrau pysgota. Wedi bod wrthi'n brysur am oriau, âi yn ei ôl i'w wigwam i fwyta a chanu, ac yna fe syrthiai i gysgu.

'Ble mae Cabibonoca, tybed?' gofynnai iddo'i hun. 'Peth rhyfedd na fase fo wedi cyrraedd yma erbyn hyn.'

Roedd gwynt y gogledd wedi bod yn brysur yn rhewi'r llynnoedd eraill ac yn gyrru'r anifeiliaid i chwilio am le diogel rhag yr eira. Ond roedd bron â chyrraedd wigwam Singebis.

'Pwy ydi'r Indiad digywilydd acw?' meddai Cabibonoca pan welodd y pysgotwr ifanc o'r diwedd. 'Does neb i fod ar ôl yma yng Ngwlad y Rhew erbyn hyn. Mae hyd yn oed y gwyddau gwylltion a'r hwyaid wedi hedfan i ffwrdd.'

Ond chymerodd Singebis ddim sylw ohono. Rhoddodd fwy o goed ar y tân wedi cyrraedd ei wigwam a mwynhau'r pysgod. Clywai Cabibonoca'n sgrechian mewn tymer ddrwg y tu allan.

'Bobol bach, mae'n bwrw eira'n ofnadwy,' meddai'r Indiad wrth sbecian heibio i'r llenni dros ddrws ei gartref.

Plygai'r coed o gwmpas y llyn fel plant drwg wedi cael ffrae, wrth i'r gwynt daro'n eu herbyn. Gwnâi Cabibonoca sŵn yr un fath â brain yn ymladd yn y canghennau uwchben wigwam Singebis. Ond gwnaeth gamgymeriad wrth chwythu eira dros y babell. Roedd hyn fel rhoi blanced wen dros y lle, ac yn help i gadw'r Indiad yn gynnes rhag y gwynt rhewllyd.

'Ho, ho, yr hen Cabibonoca dwl. Mae'r eira'n fy nghadw'n glyd fel y mae ffwr yr arth wen yn ei chadw hi'n gynnes!' gwaeddodd Singebis yn hapus heibio i lenni'r drws.

Pan glywodd gwynt y gogledd hyn, gwylltiodd yn fwy fyth. Rhuodd a phwniodd yn erbyn y wigwam nes iddi godi o'r llawr bron. Ond roedd yr Indiad doeth wedi gofalu ei chlymu'n ddiogel a thynn yn y ddaear.

'Paid â gweiddi cymaint, neu bydd dy fochau'n rhwygo fel ffrwythau'n disgyn ar gerrig wrth gwympo o'r coed!' chwarddodd Singebis.

Roedd clywed yr Indiad Coch yn gwneud cymaint o sbort am ei ben yn ormod i Cabibonoca. Daliodd ei anadl am hir, hir. Yna chwythodd yn galetach nag a wnaethai erioed o'r blaen. Cododd y llenni oddi ar ddrws y wigwam. A rhuthrodd gwynt milain y gogledd i mewn at Singebis. Er ei fod yn crynu fel jeli, chymerodd yr Indiad fawr o sylw o Cabibonoca. Rhoddodd fwy o goed ar y fflamau a dal ymlaen i ganu'n llon fel arfer. O'r diwedd, siaradodd hefo'r gwynt:

'Ha, ha,' meddai. 'Tyrd yn nes at y tân. Mae'r eira yn dy wallt wedi troi'n chwys, ac mae'n rhedeg i lawr dy wyneb. Ac mi rwyt ti'n mynd yn llai ac yn llai!'

Roedd ar Cabibonoca ofn y fflamau. Ciliodd yn ei ôl i ben draw'r wigwam, ac edrychodd arno fo'i hun.

'O, mi rydw i'n toddi!' gwaeddodd y gwynt gan ruthro am y drws a ffoi allan.

Aeth Singebis i chwilio am y llenni a'u hailosod yn dynn ar y drws. Yna, wedi rhoi digon o goed ar y fflamau aeth i gysgu'n dawel.

Ar ôl methu gyrru'r Indiad Coch o'i wlad, roedd Cabibonoca wedi gwylltio. A doedd o ddim yn teimlo'n dda iawn wedi bod yn y gwres. Ond ar ôl iddo ddod ato'i hun, dyma fo'n ailddechrau chwythu. Daeth mwy o eira o'r awyr, a rhewodd y llynnoedd yn galetach. Swatiai'r anifeiliaid gan ddweud wrth ei gilydd nad oedden nhw erioed wedi gweld gaeaf mor oer. Yna daeth Cabibonoca'n ei ôl at gartref Singebis.

'Tyrd allan ata i,' meddai. 'Os wyt ti mor ddewr ag y mae pobl yn ddweud, fydd arnat ti ddim ofn dod o'r wigwam. Tyrd, i mi ddangos i ti pwy ydi'r un pwysicaf yng Ngwlad y Rhew.'

Meddyliodd Singebis yn hir cyn penderfynu.

'Rydw i'n gryf wedi cynhesu cymaint a chael digon o fwyd,' meddai wrtho'i hunan. 'Ac mae Cabibonoca'n sicr o fod yn wan ar ôl bod wrth y tân. Fe a' i allan i ymladd hefo'r hen genau sarrug.'

Rhedodd yr Indiad allan gan bwnio'i ddyrnau yn erbyn y gwynt. Bu'r ddau'n ymladd yn hir ac yn galed yn yr eira.

Weithiau, Singebis oedd yn curo. Dro arall, Cabibonoca oedd y trechaf. Llechai'r anifeiliaid yn is o dan yr eira a sbecian bob yn ail, gan obeithio mai Singebis fyddai'n ennill.

Bu'r Indiad Coch a'r gwynt yn ymladd drwy'r nos. Yn rhyfedd iawn doedd Singebis ddim wedi blino. Po fwyaf y gwthiai Cabibonoca fo i'r llawr, cryfa'n y byd yr âi'r Indiad. A chynhesodd yr holl ymladd ei gorff.

'Ho, ho, rwyt ti'n gwanhau!' gwaeddodd Singebis ar y llall pan oedden nhw'n dal i ymladd drannoeth.

Erbyn y pnawn doedd gan Cabibonoca ddim nerth ar ôl o gwbl. Peidiodd â chwythu ac aeth pobman yn dawel. Roedd Gwlad y Rhew mor ddistaw â dosbarth yn ystod y gwyliau.

'Pwy ydi'r gorau erbyn hyn 'te?' holodd Singebis.

Roedd Cabibonoca'n rhy flinedig i'w ateb hyd yn oed. Sleifiodd yn ddistaw o Wlad y Rhew gan wylo. Safodd Singebis o flaen ei wigwam yn canu'n swynol wedi iddo fynd. A daeth rhai o'r anifeiliaid bach a fu'n cuddio o dan yr eira allan i gael mwythau ganddo.

'Arhoswch yma'n gwmpeini i mi,' meddai'r Indiad Coch wrthyn nhw. 'Mae'r gaeaf bron â darfod. A bydd fy ffrindiau'n dod yn eu holau i bysgota cyn bo hir.'

Neidiodd a dawnsiodd yr anifeiliaid yn llon o'i amgylch wedi cael gwared o'u hen elyn, Cabibonoca.

Twrch Daear

Un tro, cafodd y twrch daear lythyr. Y llwynog a'r gigfran a'r ysgyfarnog a'r arth oedd wedi ysgrifennu'r llythyr rhyngddyn nhw, yn gofyn iddo ddod i'w cyfarfod ar yr Ynys Sych.

'Dydw i ddim yn hoff iawn o'r anifeiliaid mawr yma,' meddai'r twrch wrtho'i hunan, 'ond gwell i mi fynd rhag ofn i mi gael ffrae ganddyn nhw am beidio.'

Wedi brwsio'i gôt felfed yn ofalus, a thacluso'i wigwam fach, aeth at y llyn. Nofiodd o'r lan i'r Ynys Sych lle'r oedd y pedwar anifail pwysig yn ei ddisgwyl. Roedden nhw i gyd yn edrych yn gas arno. A gwyddai'r twrch mai newyddion drwg oedd ganddyn nhw iddo.

'Ryden ni wedi penderfynu bod yn rhaid i ti symud i rywle arall i fyw,' meddai'r llwynog. 'Rwyt ti ar ein ffordd ni, ac yn niwsans.'

'Ond rydw i wedi byw'n hapus ers blynyddoedd yn fy wigwam fechan yn ymyl y goeden,' atebodd y twrch druan.

'Paid ag ateb yn ôl mor ddigywilydd!' ebe'r gigfran. 'Hen anifail du hyll wyt ti. Pam mae'n rhaid i ni edrych ar beth mor annifyr â thi bob dydd?'

Bu bron i'r twrch ddweud wrth yr aderyn nad oedd neb mor hyll â'r gigfran yn holl wlad yr Indiaid Cochion, ond ofnai i'r lleill ymosod arno a'i frifo. Methai ddeall pam roedd yn rhaid i bobl ac anifeiliaid ffraeo bob munud. Roedd Hiawatha wedi dweud wrth bawb am fyw'n llawen hefo'i gilydd a pheidio ag ymladd. Ond doedd y pedwar anifail blin yma ddim yn credu bod yr Indiad doeth, Hiawatha, yn dweud y gwir. Tro'r ysgyfarnog oedd hi i siarad nesaf.

'Rwyt ti'n tyllu o dan y pridd o hyd ac o hyd. A dwyt ti ddim yn peidio hyd yn oed yn y nos,' meddai. 'Fedra i ddim cysgu'n iawn yr un noson, am dy fod ti'n fy neffro wrth wneud dy hen dwneli.'

Gwyddai'r twrch mai dweud celwydd yr oedden nhw er mwyn ei gael o i symud tŷ. Teimlai'n ddigalon wrth weld yr arth yn codi ac yn dechrau siarad yn bwysig. Roedd hithau wrth ei bodd yn dangos ei hun.

'Mi roeddwn i wrthi'n gwneud llwybr i mi fy hun yn y coed ddoe,' meddai. 'Ond roeddet ti wedi codi pentwr mawr o bridd yn union lle'r oedd arna i eisiau mynd. Mae'n hen bryd i ti fynd i rywle arall i fyw o'n ffordd ni, yr anifeiliaid call a doeth.'

Dechreuodd y twrch grio. Ond chymerodd y lleill ddim sylw o gwbl.

'Waeth i ti heb â nadu,' meddai'r llwynog. 'Mae'n rhaid i ti symud dy wigwam i ran arall o'r wlad. Mi laddwn ni di os na wnei di.'

Crynai'r twrch bach wrth wrando ar y llwynog yn dwrdio. Ond yn sydyn, clywodd rywun arall yn siarad. Doedd y twrch ddim yn 'nabod y llais yma. Crwban y môr oedd o, wedi dod i weld pwy oedd yn ffraeo ar ei ynys.

'Be ydi'r holl sŵn yma?' meddai. 'Ewch i ffwrdd i gyd. Does gan neb ond y fi hawl i fyw ar yr Ynys Sych yng nghanol y llyn.'

'Ond ryden ni'n cael pwyllgor,' atebodd y gigfran, 'ac ryden ni wedi penderfynu bod yn rhaid i'r twrch . . .'

Chafodd y gigfran ddim cyfle i orffen y frawddeg. Torrodd crwban y môr ar ei thraws gan ddweud:

'Pwy roddodd hawl i chi gynnal pwyllgor ar f'ynys i? Ewch oddi yma, neu mi losga i chi hefo tywod poeth.'

'Ryden ni'n bwysicach na thi,' meddai'r llwynog, 'ac ryden ni'n mynd i aros yma nes gorffen gwaith y pwyllgor.'

Ond teimlodd yr anifeiliaid y tywod o dan eu traed yn mynd yn boethach ac yn boethach. Rhedodd y llwynog a'r ysgyfarnog a'r arth at lan y llyn, a'r tywod fel tân o dan eu traed.

'O, mae 'nhraed bach i'n llosgi!' cwynodd y gigfran wrth hopian ar eu hôl.

Ffodd y pedwar o'r ynys. Ond arhosodd y twrch daear ar ôl. Tyllodd yn gyflym o dan y tywod chwilboeth. Roedd yn oer braf ymhell o dan yr wyneb, ac arhosodd yno am dipyn. Mentrodd wthio blaen ei drwyn i fyny ymhen sbel a gwelodd grwban y môr yn disgwyl amdano. Meddyliodd yn siŵr ei fod am ei yrru i'r dŵr fel y lleill. Ond gwenodd y crwban gan sgwrsio'n fwyn hefo'r anifail bach:

'Mi fydda i'n ffrind i ti, ac mi edrycha i ar d'ôl di.'

'Diolch yn fawr,' atebodd y twrch yn llawen. 'Ga i aros yma i fyw ar yr Ynys Sych?'

'Na, does dim gwair na choed ar yr ynys i ti,' meddai'r crwban. 'Fyddet ti ddim yn gallu byw yma. Ond mi ddo i draw am dro i edrych amdanat ti yn dy wigwam yn reit aml. Fe ofala i na fydd y pedwar anifail arall yn gwneud niwed i ti. Ac mi gei dithau ddod i edrych amdana innau weithiau.'

Cytunodd y twrch, ac aeth adre'n ei ôl. Ond rywsut daeth y llwynog a'i ffrindiau i ddeall bod gan y twrch gyfaill newydd.

'Mi rwystrwn ni nhw rhag cyfarfod,' meddai'n slei wrth y tri arall un diwrnod.

A phan oedd crwban y môr ar gychwyn i weld a oedd y twrch daear yn iawn, clywodd sŵn drymiau rhyfel yr Indiaid Cochion. Yr hen lwynog creulon oedd wedi trefnu i hyn ddigwydd.

'Mae'n well i mi beidio â mynd i weld fy ffrind newydd heddiw, rhag ofn i mi gael fy lladd gan saethau'r dynion,' meddai'r crwban wrtho'i hun.

Arhosodd y twrch ar ben craig uchel drwy'r dydd yn disgwyl am ei gyfaill. Roedd wedi gadael ei wigwam fach yn gynnar yn y bore ac wedi swatio ar y graig yn ofnus gan wrando ar sŵn y drymiau rhyfel.

'Mae'n dechrau nosi,' meddyliodd. 'Mae'n well i mi fynd adref. Fe ddaw crwban y môr i 'ngweld i ryw ddiwrnod arall, mae'n siŵr.'

Ar y ffordd i'w gartref, pwy ddaeth i'w gyfarfod ond y llwynog.

'Diolch byth dy fod ti'n fyw,' meddai.

Gwyddai'r twrch ar ei olwg ei fod yn dweud celwydd. Ond doedd o ddim yn deall pam.

'Mae'r crwban wedi bod yn chwilio amdanat ti drwy'r dydd,' ebe'r llwynog wedyn. 'Daeth yma i dy ladd, am dy fod wedi dweud straeon celwyddog amdano. Pan fethodd ddod o hyd i ti, mi losgodd dy wigwam di.'

Wedi clywed hyn, meddyliodd y twrch fod y llwynog yn dweud y gwir. Ac fe goeliodd bob gair. Sleifiodd y llwynog i ffwrdd rhag i'r llall weld y wên ffals ar ei wyneb. Cysgodd y twrch allan yn yr awyr agored y noson honno. Ond deffroai'n aml, a chrio wrth weld y mwg yn dal i godi o'r hyn a oedd ar ôl o'i wigwam fechan.

'Mi wna innau rywbeth annifyr i'r hen grwban y môr yna,' meddai drannoeth wrth nofio ar draws y llyn.

Methodd weld y crwban yn unlle. Aeth yn syth at ei wigwam ar dywod yr Ynys Sych. Ond roedd y crwban wedi mynd i chwilio am fwyd.

'Mi wna i'r un peth i tithau!' gwaeddodd y twrch daear dros y lle er nad oedd neb yno i'w glywed.

Llosgodd y twrch gartre'r crwban nes bod y fflamau'n neidio'n uchel i'r awyr. Brysiodd crwban y môr adref pan welodd ei dŷ'n llosgi. Cafodd sioc ei fywyd pan welodd pwy oedd wedi gwneud. Pe bydden nhw wedi aros am funud i siarad, mi fasen nhw wedi deall mai'r llwynog oedd yn gyfrifol am hyn i gyd. Ond roedden nhw wedi gwylltio gormod i ddweud fawr o ddim. A dyma ddechrau ymladd ar y tywod poeth. Gwyddai'r llwynog a'i ffrindiau brwnt y byddai hyn yn digwydd. Bu'r crwban a'r twrch yn brwydro'n hir, a'r tywod crasboeth yn cael ei daflu i bob man o'u cwmpas.

Yna'n araf deg, dechreuodd y ddau suddo. I lawr ac i lawr â'r ddau o dan y tywod gan barhau i ymladd o hyd. Ac o'r diwedd, caeodd y tywod drostyn nhw, a'u claddu. Aeth pob man yn ddistaw. Roedd y twrch daear a chrwban y môr wedi marw.

'Chawn ni ddim bywyd hapus ar ôl hyn,' meddai'r ysgyfarnog a fu'n llechu gyda'r tri arall y tu ôl i'r graig yn y tywod yn gwylio'r ymladdfa.

A chawson nhw ddim chwaith.

Deilen Goch

Geneth yn byw hefo'i nain oedd Deilen Goch. Yn eu hymyl, yr oedd saith brawd yn byw. Doedd ganddyn nhw ddim tad na mam, na'r un chwaer chwaith.

'Mi hoffwn i fynd i edrych ar ôl y bechgyn,' meddai Deilen Goch wrth ei nain. 'Maen nhw'n rhai da am hela. Byddai digon o fwyd gynnon ni wedyn. Ac fe allen ninnau'n dwy edrych ar ôl eu cartref a gwneud bwyd a dillad iddyn nhw.'

Cytunodd yr hen wraig. Aeth Deilen Goch â dillad hardd yr oedd wedi eu gwneud i gartre'r bechgyn. Doedd neb yn digwydd bod yno ar y pryd. Ond aeth yr eneth i mewn. Roedd chwech o'r brodyr allan yn hela a Mocsois, yr ieuengaf, wedi mynd i nôl dŵr o'r afon.

'Helô, pwy ydech chi?' gofynnodd pan ddaeth yn ei ôl.

'Deilen Goch ydw i, ac rydw i'n brysur yn gwneud cawl i chi,' atebodd yr eneth.

Ar ôl i Mocsois weld y dillad hardd, a bwyta'r cawl blasus, roedd yn teimlo'n fodlon iawn. Daeth ei frodyr adref cyn bo hir ac roedden hwythau wrth eu bodd o gael chwaer newydd i edrych ar eu holau.

'Mi ofalwn ninnau amdanat tithau a dy nain,' ebe Mocsois.

Fe fuon nhw'n byw felly'n llawen hefo'i gilydd am rai misoedd. Ond un diwrnod digwyddodd rhywbeth trist iawn. Daeth Tarw Dannedd Mawr, y mwyaf creulon o'r byffalo i gyd, at eu cartref. Edrychodd o'i gwmpas. Roedd yr hen wraig yn cysgu, a chwech o'r brodyr wedi mynd i hela. Ac roedd Mocsois wedi mynd at yr afon i nôl dŵr.

'Ha, ha,' meddai'r tarw wrtho'i hunan, 'dyma gyfle da i ddwyn Deilen Goch. Mae ei brodyr yn blagus yn fy hela i o hyd. Fe gân nhw fraw pan ddôn nhw'n eu holau heno a gweld bod eu chwaer newydd ar goll!'

Cododd Deilen Goch yn ei geg lydan a charlamodd i ffwrdd. Deffrôdd ei nain pan glywodd yr eneth yn sgrechian. Ond allai hi wneud dim ond edrych ar yr anifail yn diflannu mewn cwmwl o lwch. Rhedodd i gyfarfod Mocsois.

'Mae'n rhaid i dy frodyr a thithau fynd i achub Deilen Goch!' llefodd yr hen wraig.

Wrth lwc, daeth y bechgyn eraill adre'n gynt nag arfer y noson honno. Roedd pawb wedi dychryn pan glywsant y newydd.

'Ond be allwn ni'i wneud?' holodd un o'r brodyr. 'Edrychwch ar yr ôl traed yn y llwch. Tarw Dannedd Mawr oedd o. A fo ydi arweinydd y byffalo. Does yna neb yn y byd all ei ladd.'

'Mae'n rhaid i ni wneud rhywbeth!' atebodd Mocsois.

Roedd o'n crio erbyn hyn, gan ei fod yn ffrindiau mawr hefo'i chwaer newydd.

'Fe godwn ni ffens o goed cryf o gwmpas ein cartref,' meddai'r hynaf o'r brodyr. 'Ac os daw'r byffalo ar ein holau pan awn i'w hela, bydd lle diogel i guddio y tu ôl i'r coed.'

Wedi gwneud hynny, ac ar ôl i Mocsois ddweud wrth y morgrug am gario tywod y tu ôl i'r coed, aeth y brodyr i chwilio am Darw Danneth Mawr.

'Dacw fo yn y fan acw,' ebe'r hynaf wedi iddyn nhw deithio am hir.

Roedden nhw wedi cyrraedd pen un o'r bryniau. Gorweddai'r tarw ar le gwastad oddi tanyn nhw, a'u chwaer yn eistedd yn ei ymyl.

'Diolch byth bod Deilen Goch yn fyw,' sibrydodd Mocsois.

Roedd gan y brawd hynaf fag bychan wedi ei wneud o groen aderyn du. Pan fydden nhw mewn trwbwl, newidiai'r bag yn aderyn du byw.

'Dos i ddweud wrth Deilen Goch ein bod ni yma,' oedd gorchymyn y brawd mawr i'r aderyn.

Ond cyn i'r aderyn du allu cyrraedd yr eneth, roedd y tarw wedi ei weld a'i yrru i ffwrdd.

Bag wedi ei wneud o groen ci oedd gan yr ail frawd. Ar ôl troi'n gi go iawn, brysiodd yntau i geisio dweud wrth yr eneth. Ond rhuthrodd y tarw ar ei ôl, a bu bron iddo â chael ei ladd. Methu wnaeth y gigfran a oedd yn perthyn i un arall o'r brodyr hefyd.

'Mae'r aderyn bach melyn yn siŵr o lwyddo,' meddai un o'r bechgyn.

Wedi i'w fag o newid i fod yn aderyn, ehedodd i lawr at Deilen Goch. Cuddiodd o dan ei chlogyn, a sibrwd wrthi:

'Mae dy frodyr am geisio d'achub. Gorwedd di'n dawel fel pe baet ti'n cysgu. Fedra i ddim aros yn hir hefo ti.'

Welodd Tarw Dannedd Mawr mohono'n hedfan yn ei ôl at y bechgyn.

'Da iawn ti,' canmolodd Mocsois yr aderyn bach. 'Y peth nesaf ydi gwneud i'r tarw fynd i gysgu.'

Gorweddodd Mocsois ar lawr a'i fag o groen goffer dan ei ben. Anifail sy'n gallu gwneud twnnel o dan y ddaear ydi goffer. Caeodd Mocsois ei lygaid yn dynn, dynn.

'Dos i gysgu, Darw Dannedd Mawr,' sibrydodd.

Wedi iddo godi, gofynnodd Mocsois i'r aderyn du fynd i weld a oedd y tarw'n cysgu. Daeth yr aderyn yn ei ôl a dweud bod yr anifail yn chwyrnu.

'Ardderchog,' meddai Mocsois. 'Mae'r amser wedi dod i'r goffer wneud twnnel.'

Torrodd yr anifail dwnnel o dan y ddaear o'r graig at y fan lle'r oedd Deilen Goch yn gorwedd. Daliai'r tarw i chwyrnu. Yna aeth yr eneth a Mocsois a'r goffer yn eu holau ar hyd y twnnel.

'Ewch â'n chwaer adref,' meddai'r bachgen ieuengaf wrth ei frodyr. 'Ac fe arhosa i yma i wylio'r tarw wedi iddo ddeffro. Mi guddia i y tu ôl i'r graig acw.'

Rhedodd y lleill adref nerth eu traed.

'Bobol bach, dyma sŵn,' meddai Mocsois cyn bo hir.

Gwylltiodd Tarw Dannedd Mawr yn gynddeiriog ar ôl deffro. Taflodd glogyn Deilen Goch i'r awyr hefo'i gyrn.

'Ar eu holau!' rhuodd ar y byffalo pan welodd y twll a arweiniai i'r twnnel.

Carlamodd cannoedd o'r byffalo dros ben y twnnel gan ddilyn Tarw Dannedd Mawr. Ond roedd Mocsois, am fod hud yr Indiaid yn ei helpu, wedi gallu cyrraedd adref o'u blaenau.

'Cuddiwch y tu ôl i'r coed, mae'r byffalo'n dod!' gwaeddodd ar y lleill.

Gwnaeth y brodyr gylch o gwmpas Deilen Goch. Rhedodd un o'r bechgyn i guddio'i nain yn y goedwig.

'Paid ag ofni,' meddai'r Indiaid wrth yr eneth wedi gweld yr anifeiliaid anferth yn nesu fel afon lydan, frown.

'Tyrd yn dy ôl aton ni!' rhuodd Tarw Dannedd Mawr ar yr eneth ar ôl stopio ger y ffens goed.

'Dos i ffwrdd yr hen genau creulon,' meddai Mocsois wrtho.

Hyrddiodd y tarw ei gyrn yn erbyn y ffens, gan ei thorri'n fân fel matsys. Gwnaeth y byffalo eraill yr un peth nes bod y ffens wedi ei malu'n yfflon.

'O, mae'r tarw hyll yn siŵr o'm lladd i 'rwan!' llefodd Deilen Goch.

'Dim peryg',' atebodd Mocsois. 'Edrych be sy'n digwydd i'r tywod ddaru'r morgrug ei gario.'

Ac yn wir i chi, troesai pob pentwr bychan o dywod yn gerrig anferth mewn eiliad. Ond er mor gryf oedd y cerrig, roedd Tarw Dannedd Mawr yn gryfach. Malodd y rhain i gyd gyda'i gyrn caled.

'Mae hi ar ben arnon ni 'rwan 'te!' gwaeddodd un o'r brodyr.

Ond pan oedd y tarw'n agor ei geg i godi Deilen Goch yn ei ddannedd mawr hyll, gafaelodd Mocsois yn ei fwa a'i saethau.

'Byddwch yn barod!' oedd ei orchymyn i'r lleill.

Ehedodd ei saeth gyntaf i'r awyr, a thyfodd coeden uchel lle disgynnodd.

'Dewch, dringwch y goeden!' gwaeddodd Mocsois gan godi ei chwaer a'i helpu i ddringo i'r canghennau.

Dringodd y brodyr hefyd gan barhau i saethu. Erbyn hyn roedd Tarw Dannedd Mawr wedi cyrraedd. Pwniodd fôn y goeden hefo'i gyrn brwnt. Siglai'r goeden, a'r brodyr fel mwncïod arni, yr un fath â llong hwyliau mewn storm.

'Daliwch eich gafael a dringwch yn uwch,' meddai Mocsois gan wasgu ei chwaer yn dynnach ato.

Yna'n sydyn, dechreuodd y goeden syrthio. Ond pan oedd y brodyr a Deilen Goch yn meddwl yn siŵr eu bod am gwympo a chael eu lladd gan y tarw, dyma nhw'n cyrraedd brig y goeden. Roedden nhw'n uwch na'r cymylau hyd yn oed.

'Neidiwch o'r goeden i'r awyr!' gorchmynnodd Mocsois gan saethu'r tarw'n farw gyda'r saeth olaf oedd ganddo.

Cyrhaeddodd Deilen Goch a'r brodyr yr awyr yn ddiogel, a throi'n sêr bychain. Maen nhw yno o hyd, yn gwneud patrwm y tarw i gofio am yr hyn ddigwyddodd. Y seren leiaf yn y patrwm ydi Mocsois sy'n dal i edrych ar ôl ei frodyr a'i chwaer ddel yn yr awyr yn ystod y nos.

Tywydd Braf

Roedd hi wedi bod yn bwrw eira'n drwm drwy'r gaeaf. Teimlai'r anifeiliaid yng ngwlad yr Indiaid Cochion yn oer iawn, ac roedden nhw bron â llwgu. Bu llawer ohonyn nhw farw yn yr eira a'r rhew, a dim ond ychydig oedd ar ôl yn fyw.

'Hwyrach na ddaw y tywydd braf byth yn ei ôl,' meddai'r carw.

Gwasgodd yr anifeiliaid a oedd yn ffrindiau at ei gilydd yn y wigwam fawr. Aeth y tân yn is ac yn is. Roedden nhw i gyd wedi blino ar ôl meddwl a meddwl sut i gael y tywydd braf yn ôl. Toc dywedodd y wiwer:

'Mae'n amser i bawb fynd i gysgu. Mi allwn ni feddwl yn well yn y bore.'

Er nad oedd yn hawdd cysgu gan ei bod mor oer, caeodd yr anifeiliaid eu llygaid a huno'n dawel. Breuddwydiodd y wiwer ei bod yn gweld arth fawr, a honno'n rhoi popeth da mewn sach. Mêl a thywydd braf oedd dau o'r pethau hynny. Y cwbl oedd eisiau ei wneud felly, meddyliodd y wiwer, oedd dwyn y sach oddi ar yr arth. Yna'i hagor a gollwng y tywydd braf a'r pethau hyfryd eraill allan.

'Codwch!' gwaeddodd ar ei ffrindiau fore trannoeth. 'Rydw i'n gwybod pam mae'r gwanwyn a'r tywydd cynnes yn hir yn dod. Yr hen arth sy'n byw yr ochr arall i'r llyn sy wedi eu dwyn.'

Dywedodd hanes y freuddwyd wrth ei chyfeillion. Cytunodd pawb y dylen nhw fynd ar ôl yr arth ddrwg. Er ei bod mor greulon, roedd yn rhaid cael y tywydd braf yn ei ôl.

'Mi groeswn ni'r llyn yn ein canŵ,' meddai'r ci daear.

Brysiodd pob un o'r wigwam, gan wthio'r canŵ i'r dŵr. Wedi rhwyfo'n galed, dyma lanio'r ochr bellaf i'r llyn. Roedd yr anifeiliaid yn gwybod yn iawn ym mhle'r oedd ffau'r arth.

'Byddwch yn ofalus rhag ofn ei bod hi o gwmpas,' sibrydodd y carw wrth nesu at gartre'r gelyn.

Wedi aros i wrando am hir y tu allan, i mewn â nhw'n ddistaw i'r ffau. Doedd yr arth ddim gartref.

'Dacw hi'r sach!' gwaeddodd y wiwer.

Rhoddodd y carw ei droed dros geg y wiwer rhag iddi wneud rhagor o sŵn, ac i'r arth ei chlywed. Ond roedd yntau'n teimlo'n gyffrous pan welodd y sach yn y ffau, yn union fel ym mreuddwyd y wiwer.

'Dewch i'm helpu i gario'r sach i'r canŵ, i ni gael mynd â hi adref,' sibrydodd y wiwer.

Ond allai hi, druan, ddim hyd yn oed symud y llwyth. Methodd y lleill hefyd, pawb ond y carw.

'Gadewch i mi drio,' meddai o yn y diwedd. 'Mae gen i gyrn mawr a chryf.'

Cododd y sach yn hawdd, a'i chario i'r cwch. Doedd y llwynog ddim wedi dweud llawer hyd yma. Ond roedd ganddo eiriau pwysig i'w hadrodd cyn iddyn nhw gychwyn yn eu holau.

'Bydd yr arth yn siŵr o geisio'n dilyn pan ddaw yn ei hôl i'r ffau, a gweld be sy wedi digwydd,' meddai. 'Gan bwy y mae'r dannedd mwyaf miniog?'

'Pam mae arnat ti eisiau gwybod hynny?' gofynnodd y ci daear.

'Iddo gnoi twll yn y padl sy gan yr arth i yrru ei chanŵ, debyg iawn,' atebodd y llwynog gan synnu fod ei ffrind mor dwp. 'Os torrwn ni dwll, fedr hi ddim dod ar ein holau.'

'Gen i mae'r dannedd mwyaf miniog,' ebe'r llygoden. 'Mi alla i wneud twll ym mhren y padl sy yn y ffau yn hawdd.'

'Da iawn. Ond cofia di ei wneud yn slei ac mewn lle na fydd yr arth yn sylwi arno,' sibrydodd y llwynog cyfrwys wedyn.

Aeth y llygoden fach ddiwyd ati'n syth. Tyllodd ei dannedd drwy'r pren mor hawdd â chyllell boeth yn torri drwy fenyn.

'Brysia, mae'r arth yn dod!' gwaeddodd y carw.

Chafodd y llygoden ddim digon o amser i orffen. Roedd sŵn pawennau trwm yr arth i'w glywed y tu allan i'r ffau.

Rhedodd nerth ei thraed bach oddi yno ar ôl y lleill. A neidiodd i'r canŵ. Ond pan oedden nhw hanner ffordd ar draws y llyn, clywsant yr arth yn rhuo ar eu holau:

'Arhoswch i mi eich dal chi, y lladron!'

'Mae'n dod yn nes ac yn nes,' ebe'r llygoden fechan yn grynedig wrth weld canŵ'r arth yn gwibio tuag atynt ar hyd wyneb y llyn.

Ond wrth iddi badlo mor galed, torrodd y pren ym mhawen yr arth. Trodd y canŵ drosodd, a boddodd yr anifail creulon.

Roedd y wiwer a'i ffrindiau'n dawelach eu meddwl wedyn. Ac wedi glanio, cariodd y carw'r sach a'r tywydd braf ynddi i'w cartref. Agorodd y wiwer geg y sach a neidiodd yr haul a'r awel gynnes allan gan grwydro dros y wlad. Aeth yr anifeiliaid i gysgu'n dawel y noson honno.

Ond y bore wedyn, cawsant fraw i gyd. Roedd y tywydd mwyn wedi toddi'r eira, a hwnnw wedi troi'n afonydd a llynnoedd llydan.

'Mae llifogydd ym mhobman,' meddai'r ci daear. 'Rhaid i ni ffoi i'r mynyddoedd.'

Brysiodd pob un am ei fywyd i ben y mynydd uchaf un.

'Mae hyn yn waeth na rhew ac eira!' llefodd y llygoden. 'Fe fydd pawb wedi boddi yn y munud.'

Roedd y blodau a'r coed a'r bryniau a'r dyffrynnoedd i gyd o dan ddŵr. Dringai'r tonnau'n araf ond yn sicr yn uwch ac yn uwch, yn nes at yr anifeiliaid bob eiliad.

'Rhaid i ni ddod â gwlad yr Indiaid Cochion i fyny'n ei hôl o waelod y dŵr,' meddai'r llwynog. 'Pwy sy'n gallu nofio'n dda, i ddod â dipyn o bridd o'r gwaelod i ddechrau?'

Ceisiodd y ci dŵr nofio i lawr i gael pridd. Ond roedd y dŵr yn rhy ddwfn, a doedd o ddim yn gallu anadlu. Daeth yn ei ôl, bron â boddi.

'Mi fydda i'n siŵr o lwyddo gan mai pysgodyn ydw i,' ebe'r penhwyad gan blymio i'r tonnau.

Ond er iddo chwilio am hir, welodd y penhwyad ddim golwg o waelod y dŵr. A daeth yntau'n ei ôl yn ddigalon.

'Twt, dydech chi ddim gwerth,' meddai llais bach gwan yn ymyl.

Yr hwyaden oedd yn siarad. Chwarddodd y llwynog wrth ei chlywed yn dweud y byddai hi'n siŵr o ddod â chlai a phridd a cherrig mân o waelod y llifogydd.

'Os methodd y penhwyad a'r ci dŵr, sut gelli di lwyddo?' gofynnodd yn sbeitlyd.

Ddaru'r hwyaden mo'i ateb gan ei bod wedi diflannu o dan y dŵr eisoes. Suddodd fel carreg, i lawr ac i lawr. Roedd bron â byrstio eisiau cael ei gwynt. Ond o'r diwedd cyrhaeddodd y gwaelod. Wedi crafu dipyn o glai, pridd a cherrig, cariodd nhw'n ôl i fyny ar y croen rhwng bysedd ei thraed.

'Croeso'n ôl!' gwaeddodd yr anifeiliaid eraill pan welson nhw ben yr hwyaden uwch y tonnau.

Er na allai hi ei hun ddim cario llawer, gwyddai'r hwyaden y ffordd i waelod y dŵr. Ac yn ei hôl â hi'n syth, a phob un o'r lleill a allai nofio'n ei dilyn. Bu pawb yn brysur felly drwy'r dydd a'r nos am ddyddiau. Ac o'r diwedd roedd holl bridd a cherrig gwlad yr Indiaid Cochion wedi'i godi.

'Gobeithio na fydd neb yn dwyn y tywydd braf a gwneud helynt mawr fel hyn eto,' meddai'r carw a oedd wedi blino gosod cerrig o waelod y dŵr ar bennau ei gilydd i wneud tir newydd ar ochr y mynydd.

'Os gwela i rywun tebyg i'r hen arth honno'n cario sach, fydda i ddim yn mynd ar ei hôl beth bynnag!' chwarddodd y wiwer.

Y Cawr Hyll

Roedd mam a thad Octeondo, yr Indiad ifanc, wedi marw. Hefo'i ewythr, Haienthws, y cawsai ei fagu. Un diwrnod, wedi iddo dyfu'n fachgen cryf, dywedodd Haienthws wrtho:

'Gelli fynd i hela ar dy ben dy hun bellach. Dyma i ti fwa a saethau newydd sbon. Ond cofia, paid â mynd i'r gogledd. Mae hi'n beryglus yn y fan honno. Gofala di ddod i edrych amdana i weithiau, a phob hwyl i ti.'

Diolchodd yr Indiad i'w ewythr am edrych ar ei ôl. Ac i ffwrdd â fo. Crwydrodd am rai dyddiau gan hela'n llon. Ac yna penderfynodd fod yn anufudd, a mynd i'r gogledd.

'Mae llawer o Indiaid wedi bod yn hela yno ac wedi dod yn eu holau'n ddiogel,' meddai wrtho'i hun wrth frysio drwy'r goedwig.

Yn sydyn daeth at lan llyn hyfryd. Gwelodd ynys yn disgleirio fel cragen fawr yn ei chanol.

'O, mi hoffwn i fynd am dro i'r ynys acw,' ebe Octeondo, er ei fod yn dal i deimlo ychydig yn euog.

A'r eiliad nesaf, gwelodd ganŵ'n dod tuag ato ar draws y tonnau. Tynnai hwyaid gwylltion y canŵ gan ehedeg uwchben y dŵr fel saethau prydferth yn gwibio at eu targed. Ac roedd patrwm yr adar yn yr awyr fel blaen saeth hefyd. Neidiodd Indiad ifanc, tebyg iawn i Octeondo, o'r canŵ ar ôl glanio.

'Croeso i ti i'r gogledd,' meddai. 'Y fi ydi dy frawd, Siagowenotha.'

'Peth rhyfedd na fase f'ewythr wedi dweud bod gen i frawd,' meddai Octeondo'n amheus.

'Tyrd i ni sefyll gefn wrth gefn, i ti gael gweld ein bod cyn daled â'n gilydd,' meddai'r llanc a ddaethai dros y dŵr.

Roedd y ddau'n union yr un taldra.

'Gan Haienthws y cefais innau fy mwa a saethau,' meddai Siagowenotha wedyn. 'Tyrd i ni saethu.'

Roedd y ddau cystal â'i gilydd am anelu saeth, ac am redeg ar ei hôl a'i dal cyn iddi daro'r ddaear.

'Dyna ti, wyt ti'n coelio 'rwan? Ryden ni'n gallu gwneud yr un pethau'n union â'n gilydd,' ebe Siagowenotha. 'Ie, dau frawd yden ni.'

Er nad oedd Octeondo'n credu ei fod yn dweud y gwir, aeth hefo'r Indiad arall i'r ynys yn y canŵ. Doedd o erioed wedi gweld hwyaid gwylltion yn tynnu canŵ o'r blaen.

'Dyma fy wigwam i,' meddai Siagowenotha wedi iddyn nhw gyrraedd. 'Mi awn ni i orffwyso gan ei bod hi'n hwyr.'

Doedd Octeondo ddim yn hoffi'r lle ryw lawer. Ond gan ei fod wedi blino, cysgodd ar ei union. Ddaru o ddim sylwi ar y llall yn sleifio allan o'r wigwam. A welodd o mohono'n dod yn ei ôl cyn i'r wawr dorri chwaith, mor slei â neidr. Y bore wedyn cymerodd Siagowenotha arno'i fod yn ffrindiau mawr hefo Octeondo.

'Tyrd i weld lle bydda i'n chwarae,' meddai wrtho, 'pan fydda i wedi gorffen hela!'

Cerddodd y ddau at lan y llyn lle'r oedd pwll dwfn a charreg yng ngwaelod y dŵr.

'Am y gorau i godi'r garreg!' gwaeddodd Siagowenotha gan neidio i'r pwll.

Cymerodd arno ei fod wedi methu cyrraedd y garreg. Daeth i fyny'n ei ôl a gofynnodd i'r llall roi cynnig arni. Ond cyn gynted ag y plymiodd Octeondo i'r dŵr clir, gafaelodd Siagowenotha yn ei fwa a'i saethau fo'i hun. Diflannodd o'r golwg gan lusgo'i ganŵ ar ei ôl.

'Dyma hi'r garreg!' llefodd Octeondo'n hapus ar ôl nofio'n ei ôl i'r lan.

Ond wrth gwrs, doedd neb yno. Chwiliodd Octeondo bob man ar yr ynys. Ond doedd dim golwg o'r Indiad arall.

'Roeddwn i'n meddwl ar hyd yr amser fod rhywbeth yn rhyfedd yn ei gylch,' meddai Octeondo wrtho'i hunan.

Yna clywodd rywun yn gweiddi arno o'r twyni tywod yn ei ymyl. Rhedodd i gyfeiriad y llais, a gwelodd hen ŵr wedi'i gladdu'i hun yn y tywod. Dim ond ychydig o'i wyneb oedd yn y golwg.

'Tyrd o dan y tywod ata i,' meddai'r hen ŵr. 'Mae ar Siagowenotha eisiau dy ladd di. Ac mae ganddo gawr hyll i'w helpu. Ac mae gan y cawr gi anferth yn ei helpu yntau.'

Gwthiodd un o fwyelli'r Indiaid Cochion o'r tywod, a'i rhoi i Octeondo.

'Mae hud a lledrith yn perthyn i'r tomahôc yma,' meddai'r hen ŵr wedyn. 'Pan weli di'r ci mawr, cofia ddweud: "Ar ei ôl, fwyell fach." Ac mi fyddi'n siŵr o ladd yr hen anifail brwnt.'

Fflachiodd mellt ar draws yr awyr. Chwythodd y gwynt yn sydyn fel cath flin. Rhuodd y tonnau'n wyn yn erbyn y creigiau.

'Brysia!' gwaeddodd yr hen ŵr.

Gafaelodd Octeondo'n dynn yn y tomahôc hud. A chladdodd ei hun yn y tywod, yn ymyl ei ffrind. Tawelodd y storm. Ond drwy dwll bach yn y tywod gwelodd yr Indiad ifanc y ci hyll yn nesu'n araf ar draws y twyni.

'Welais i erioed greadur mor annifyr,' meddai Octeondo.

Pan oedd y ci uwch ei ben gwaeddodd: 'Ar ei ôl, fwyell fach!' A neidiodd y tomahôc o'i wregys a saethu o'r tywod. Trodd unwaith yn yr awyr, ac yna disgynnodd ar ben y ci brwnt a'i ladd.

'Aros yma, paid â mentro allan,' meddai'r hen ddyn wrth Octeondo.

Roedd ar yr Indiad ifanc bron â marw eisiau dianc o'i garchar dan y twyni i weld corff ei elyn. Roedd gan hwnnw geg fel wigwam a llygaid yr un fath â dwy darian. Ond gwrandawodd yn ufudd ar ei gyfaill doeth.

'Ble'r wyt ti? Mi ladda i di!' gwaeddodd rhywun fel taran uwch eu pennau.

Crynai pob man fel petai daeargryn wedi digwydd. Y cawr oedd yno wrth gwrs, yn chwilio am Octeondo, i'w ladd a'i fwyta. Roedd mor anferth â chraig. Wedi methu dod o hyd i'r Indiad, rhedodd i ffwrdd gan gario corff y ci dan ei gesail.

'Mae'n rhaid i ni ddianc!' ebe'r hen ddyn wrth Octeondo. 'Mae'r cawr yn siŵr o ddod yn ei ôl i chwilio amdanat ti pan fydd eisiau bwyd arno.'

Ond roedd Siagowenotha wedi dwyn y canŵ. Felly allen nhw ddim dianc o'r ynys rhag y cawr. Yna'n sydyn, gwelodd Octeondo fo'n dod yn ei ôl ar draws y llyn, ac yn glanio.

'Dod i weld a wyt ti wedi cael dy ladd mae o,' meddai'i gyfaill. 'Dacw fo'n chwilio am ôl gwaed yn y tywod.'

Dringodd y ddau Indiad o'r tywod mor gyflym a gofalus ag y gallen nhw. Roedd Siagowenotha wedi crwydro ymhell i chwilio am gorff Octeondo yn y twyni.

'Am y canŵ â ni,' gwaeddodd yr hen Indiad.

A ffodd y ddau o'r ynys.

'Mae arna i eisiau bwyd. Mae arna i d'eisiau di, Octeondo, i swper!' gwaeddodd llais mawr dros yr ynys.

Peidiodd Siagowenotha â chwilio yn y tywod. Safodd fel pe bai wedi rhewi yn ei unfan.

'Mae'r cawr yn meddwl mai Octeondo ydw i!' llefodd yr Indiad creulon.

A chyn iddo gael cyfle i egluro, rhuthrodd y cawr amdano a'i lyncu'n fyw. Erbyn hyn, roedd Octeondo a'i ffrind wedi cyrraedd pen pella'r llyn.

'Mae yna un peth arall i ti'i wneud,' meddai'r hen Indiad wrth y llall. 'Mae'r cawr yn cadw dy chwaer yn garcharor yn ei wigwam. Brysia i'w hachub. Mi arhosa i yma yn y canŵ.'

Llwyddodd Octeondo i gael yr eneth yn rhydd a rhedodd yn ei ôl hefo hi at y canŵ. Wyddai o ddim o'r blaen fod ganddo chwaer.

'O, dyma hwyaid gwylltion tlws,' ebe hi wrth weld yr adar yn hedfan uwchben y tonnau gan dynnu'r cwch yn chwim drwy'r dŵr.

'Ho, ho,' gwaeddodd y cawr ar eu holau, 'ewch chi ddim ymhell!'

Roedd o wedi eu gweld yn mynd, a lluchiodd ei lein bysgota ar eu hôl. Cydiodd y bach ym mlaen y canŵ.

'Mae'r hen genau'n ein tynnu ni'n ein holau,' gwaeddodd chwaer Octeondo.

Er i'r hwyaid wneud eu gorau, roedd y cawr yn eu tynnu nhw a'r Indiaid yn araf ond yn sicr tua'r lan. Yna cofiodd Octeondo am y tomahôc.

'Ar ei ôl, fwyell fach!' llefodd dros bob man.

Neidiodd y tomahôc hud o'i wregys unwaith eto, a thorrodd linyn pysgota'r cawr.

'Ha, ha, ellwch chi ddim dianc fel yna chwaith!' rhuodd eu gelyn gan ddechrau sugno dŵr y llyn i'w stumog.

Ond pan oedden nhw ar fin cael eu llyncu, gyrrodd Octeondo saeth i ganol bol yr hen gawr hyll. A rhuthrodd y dŵr i gyd drwy'r twll ac yn ei ôl i'r llyn!

'Waeth i ti heb ddim!' bloeddiodd y cawr er ei fod wedi ei glwyfo gan y saeth.

Chwythodd dros wyneb y dŵr, a rhewodd y llyn yn galed, galed. Roedd Octeondo a'r lleill yn garcharorion yn y canŵ, a'r canŵ'n sownd yn y rhew.

'Fe ga i swper blasus heno!' rhuodd y cawr gan sglefrio'n chwim atyn nhw.

Ond cododd yr hen Indiad ar ei draed, gan sibrwd ychydig o eiriau hud.

'Edrych Octeondo, mae'r rhew yn toddi!' meddai ei chwaer.

Cyn iddo gael cyfle i ateb, gwelodd yr Indiad ifanc y cawr yn disgyn drwy'r rhew, yn suddo i waelod y llyn ac yn boddi. Wedi cyrraedd ei gartre'n ddiogel hefo'i chwaer, diolchodd Octeondo i'r hwyaid gwylltion am eu help. Ac i ffwrdd â nhw'n rhydd i'r awyr las, gan hedfan hefo'i gilydd ar batrwm blaen un o saethau'r Indiaid Cochion.

Y Gath Wyllt

Roedd y gath wyllt bron â marw o eisiau bwyd.

'Mae'n rhaid i mi fynd i ddwyn rhywbeth o bentre'r Indiaid Cochion,' meddai.

Ond pan oedd ar ei ffordd i chwilio am ei chinio, gwelodd y gwningen yn cysgu yn yr haul.

'Deffra,' meddai'r gath wyllt, 'dydi cysgu yn yr haul ddim yn beth da. Mi wnaiff di'n sâl.'

'Diolch yn fawr i ti,' ebe'r gwningen gan fwriadu sboncio i ffwrdd.

'Aros di am funud,' oedd ateb y gath. 'Fel arfer, mi fyddwn yn gadael i ti fynd. Ond rydw i bron â llwgu. Felly, mae'n ddrwg iawn gen i, fy hen ffrind, ond mae'n rhaid i mi dy fwyta i ginio.'

Er ei bod yn crynu gan ofn, meddyliodd y gwningen yn sydyn am gynllun i achub ei bywyd.

'Fe ddangosa i i ti bethau gwell i'w bwyta na mi,' meddai. 'Glywi di'r sŵn yna?'

Trodd y gath wyllt ei phen i wrando. Clywodd dwrcïod yn ffraeo yn y coed heb fod ymhell.

'Mi a' i â thi yno'n syth, os gwnei di addo gadael llonydd i mi,' ebe'r gwningen. 'Rwy'n gwybod yn union ble maen nhw.'

'Mae'r twrcïod yn siŵr o ddianc cyn i ni eu cyrraedd,' atebodd y gath wyllt.

'Ddim os brysiwn ni.'

O'r diwedd cytunodd y gath ac i ffwrdd â'r ddwy.

'Dacw nhw'n dod drwy'r coed acw. Gorwedd di ar eu llwybr yn y fan yma,' meddai'r gwningen. 'Cymer arnat dy fod wedi marw. A phan ddôn nhw heibio, gelli ddewis y twrci tewaf a'i fwyta.'

'Ie, syniad reit dda,' ebe'r gath gan orwedd a chau ei llygaid. 'Diolch i ti am feddwl amdano, ac fe gei dithau fynd yn rhydd.'

Ond nid ffoi i rywle-rywle wnaeth y llall, ond sboncio'n gyflym i gyfarfod y twrcïod ar y llwybr.

'Rydw i newydd ladd cath wyllt hefo tomahôc,' meddai pan welodd eu harweinydd.

'Ew, do?' gofynnodd y twrci tew. 'Ble mae hi? Dyden ni erioed wedi bod yn ddigon agos at gath wyllt i'w gweld yn iawn.'

Wedi arwain y twrcïod at y gath, cuddiodd y gwningen y tu ôl i un o'r coed i weld be fyddai'n digwydd nesaf. Daeth yr adar diniwed yn nes ac yn nes at yr anifail llonydd ar y llawr.

'Dydi hi ddim yn edrych yn beryglus iawn, yn nac ydi?' gofynnodd un twrci.

Ond cyn i'r un o'r lleill gael cyfle i'w ateb, neidiodd y gath wyllt ar ei thraed. Gafaelodd yn y twrci tewaf hefo'i phawen mor sydyn â winc. Yna dringodd hefo fo i ben y goeden agosaf.

'Hen dric creulon oedd hwnna,' meddai arweinydd y twrcïod.

'Fedrwn ni ddim cosbi'r gath wyllt,' ebe un arall o'r adar, 'neu bydd yn siŵr o'n lladd ni i gyd.'

'Mae hynny'n wir,' atebodd y twrci mwyaf, 'ond fe awn ni i gyd i ymladd yn erbyn y gwningen. Pawb i roi paent rhyfel ar eu plu!'

Bu'r twrcïod yn brysur yn eu gwneud eu hunain yn barod i ymosod ar y gelyn. A phan sychodd y paent, i ffwrdd â nhw drwy'r goedwig ar ôl y gwningen.

'Dacw nhw'n chwilio amdana i!' ebe'r gwningen wrthi hi'i hun pan oedd ar ganol cnoi glaswellt blasus.

Sbonciodd i'r chwith a diflannu i lwyn o goed gan adael ei phryd bwyd ar ei hanner. Brysiodd y twrcïod ar ei hôl. Neidiodd y gwningen dros nant yn y coed ond daliai'r adar i'w dilyn.

'Mi guddia i yng nghartre'r mochyn daear,' meddai'r gwningen a oedd bron â cholli ei gwynt erbyn hyn.

Ond cyn iddi ddiflannu i'r twll sathrodd arweinydd y twrcïod ei chynffon hi'n galed.

'O, 'nghynffon i! Rydw i wedi colli 'nghynffon hardd!' gwaeddodd y gwningen gan ruthro i waelod y twnnel dan y ddaear hebddi.

'Ho, ho,' chwarddodd arweinydd y twrcïod uwchben y twll. 'Dyna ddysgu gwers i ti. Cynffon bwt fydd gen ti am byth ar ôl hyn!'

Gafaelodd yn y gynffon. Rhoddodd hi ar flaen polyn hir, a'i chodi i'r awyr. Cerddodd y twrcïod ymlaen fel Indiaid Cochion wedi ennill brwydr ac yn chwifio crwyn pennau eu gelynion.

'O, dydi pethau ddim mor ddrwg â hynny,' meddai'r gwningen drannoeth wedi cael noson o gwsg. 'Bydd yn haws i mi redeg hefo pwt o gynffon nag un hir. A'r peth cyntaf rydw i am wneud ydi brysio at yr hen gath wyllt yna. Mae'r twrcïod wedi 'nghosbi i, ac mi wna innau'r un peth iddi hithau. Mi fydd cynffon y gath yn brifo hefyd wedi i mi orffen hefo hi!'

Brysiodd i gartre'r gath wyllt a'i chynffon fach yn bownsio fel botwm gwyn y tu ôl iddi. Ar ei ffordd yno gwelodd anifail mawr yn cysgu yn yr haul. Ceffyl gwyllt y paith oedd o, yn gorffwys am ychydig yn y pnawn. Cafodd y gwningen slei syniad wrth ei weld, ac ymlaen â hi'n gyflymach i siarad hefo'r gath.

'Tyrd i lawr, mae gen i newyddion da i ti!' gwaeddodd o waelod y goeden lle'r oedd y llall yn gorffwys.

'Dos oddi yma i fusnesa,' meddai'r gath yn flin.

Ond yna disgynnodd yn dawel fel cysgod i gael clywed be oedd gan y llall i'w ddweud.

'Mae 'na geffyl gwyllt y paith wedi marw yn y fan acw,' meddai'r gwningen gelwyddog. 'Dyna ddigon o fwyd am wythnosau i ti. Dydw i ddim yn bwyta cig, fel y gwyddost ti. Ond rydw i wedi rhedeg yma er mwyn i ti gael bod y gyntaf i glywed y newyddion da.'

'Sut galla i symud ei gorff at waelod y goeden lle'r ydw i'n byw?' gofynnodd y gath wyllt wedi i'r ddau gyrraedd y ceffyl. 'Mae o'n fawr ac yn drwm.'

111

Daliai hwnnw i gysgu. Ond roedd y gath yn meddwl ei fod wedi marw, wrth gwrs.

'Does ond un ffordd,' atebodd y gwningen gan glymu cynffonnau ceffyl gwyllt y paith a'r gath yn dynn, dynn yn ei gilydd. 'Dyna ti, gelli ei lusgo'n hawdd 'rwan.'

Tynnodd y gath yn galed. A dyma'r ceffyl yn deffro! Rhoddodd y gath wyllt sgrech dros y goedwig, a meddyliodd ceffyl gwyllt y paith fod y diafol ei hun yn gafael yn sownd yn ei gynffon. Cododd a charlamodd drwy'r coed. Ffodd am ei fywyd gan lusgo'r llall ar ei ôl.

'Stopia. Stopia!' llefodd y gath.

Ond po fwyaf y sgrechiai'r anifail bach, cyflymaf yn y byd yr âi'r ceffyl.

'Ha, ha! Mi fydd gan yr hen g'nawes boenau yn ei chynffon am hir,' meddai'r gwningen wrth weld y ddau'n mynd o'r golwg.

Chwarddodd lond ei bol gan rowlio yn y gwair.

'A fydd arnat ti ddim eisiau bwyd am dipyn chwaith!' gwaeddodd ar ôl y gath. 'Bydd dy ben a dy geg di'n brifo gormod wedi i ti gael dy lusgo gan geffyl gwyllt y paith. A fyddi di ddim yn niwsans i ni, anifeiliaid bach diniwed y goedwig, am hir!'

Rowliodd y gwningen yn y gwair unwaith eto ac yna syrthiodd i gysgu heb boeni am ddim yn y byd.

Llyncwr y Cwmwl

'Pam nad wyt ti'n bwyta dy frecwast?' gofynnodd nain Ahaiwte iddo un bore.

'Am fod y plant i gyd yn tynnu fy nghoes,' atebodd y bachgen. 'Mae arna i eisiau tyfu i fod yn gryf ac yn ddewr fel yr Indiaid Cochion eraill. Ond mae pawb yn dweud 'mod i'n hen fabi am na fedra i redeg yn gyflym i hela.'

'Paid ti â gwrando arnyn nhw,' meddai ei nain. 'Fe fyddi di'n gallu hela gystal ag unrhyw un ryw ddiwrnod. Ond mae'n rhaid i ti fwyta digon. Tyrd, gorffen y cig yna.'

Ymhen ychydig ddyddiau, teimlodd Ahaiwte ei hun yn tyfu'n gryfach ac yn gryfach. Peidiodd y bechgyn eraill â chwerthin wrth ei weld yn gallu rhedeg mor gyflym â charw bron, a throi a throsi fel brithyll.

'Mae gen ti nerth fel byffalo erbyn hyn,' meddai ei nain wrtho un noson pan oedd y ddau'n mwynhau eu swper.

'I chi y mae'r diolch am edrych ar fy ôl, a gwneud i mi fwyta'n iawn,' atebodd y bachgen. 'Ond mi hoffwn i wybod be sy raid i mi ei wneud i fod yn un o'r Indiaid Cochion mwyaf enwog.'

'Rhaid i ti ladd Llyncwr y Cwmwl,' meddai'r hen wraig. 'Y mae llawer iawn o Indiaid dewr hŷn na thi wedi ceisio gwneud hynny ac wedi methu. Cawr anferth hefo ceg cymaint â'r awyr ydi Llyncwr y Cwmwl. Ac mae o'n bwyta'r cymylau i gyd.'

'Dyna pam nad yden ni ddim yn cael glaw felly, ac nad ydi'r gwair yn tyfu?' gofynnodd Ahaiwte.

'Ie siŵr,' ebe'i nain. 'Ond rhaid i ti fod yn ofalus. Mae'r cawr wedi lladd pob un o'r Indiaid eraill a geisiodd ei ddal.'

'Rydw i am gychwyn ben bore 'fory,' meddai'r Indiad dewr.

Drannoeth rhoddodd yr hen wraig bedair pluen o liw gwahanol iddo gan ddweud:

'Bydd y rhain yn help mawr i ti. Os rhoi di'r bluen goch yn dy wallt, bydd yn d'arwain yn syth i gartref Llyncwr y Cwmwl. A byddi'n deall iaith yr anifeiliaid os edrychi di ar ôl y bluen las.'

'I be mae'r ddwy arall yn dda?' gofynnodd Ahaiwte.

'Gelli wneud dy hun yn ddigon bychan i fynd i dwll llygoden gyda help yr un felen,' meddai ei nain. 'A chyda'r bluen ddu, y ti fydd y gorau yn y byd am ddefnyddio bwa a saeth.'

Diolchodd y bachgen i'r hen wraig. Rhoddodd y bluen goch yn ofalus yn ei wallt, a theimlodd ei hun yn cael ei arwain i'r dwyrain. Cyn bo hir daeth i wlad heb ddim byd o gwbl yn tyfu ynddi. Doedd dim adar yn canu nac anifeiliaid yn pori. Welai'r bachgen ddim glaswellt yn unlle, dim ond hen goed wedi marw ym mhob man. Roedd y lle mor dawel a llonydd â wyneb y lleuad, gyda llwch dros bob man.

'Ond rwyt *ti*'n fyw, yn dwyt ti?' meddai Ahaiwte pan welodd drwyn twrch daear yn dod i'r golwg drwy dwll yn y ddaear galed.

Gwasgodd yr Indiad y bluen las er mwyn cael sgwrs hefo'r anifail bychan.

'Ydw,' atebodd y twrch, 'am 'mod i'n ddiogel o dan y pridd. Ond be wyt ti'n ei wneud yma?'

Dywedodd y bachgen ei hanes.

'Mae Llyncwr y Cwmwl yn byw yn f'ymyl i,' meddai'r twrch. 'Felly mae'n rhaid i mi wylio rhag ofn iddo 'ngweld a 'nghlywed. Mae pawb a phopeth sy'n edrych ar y cawr yma'n cael eu lladd. Does dim rhaid iddo ond gweld blodyn neu aderyn neu un o'r Indiaid Cochion, ac maen nhw'n cwympo'n farw'n y fan.'

'Ond mae gen i bedair pluen i'm helpu,' ebe'r bachgen gan roi'r un felen yn ei wallt.

Synnodd y twrch daear wrth weld Ahaiwte'n mynd yn llai ac yn llai, nes yr oedd yr un faint â fo.

'Go dda,' chwarddodd yr anifail bach yn dawel. 'Tyrd, fe awn ni ar hyd y twneli hefo'n gilydd. Fe ddangosa i i ti'n union ym mhle mae Llyncwr y Cwmwl yn byw.'

Cymerodd ychydig amser i lygaid yr hogyn dewr arfer â'r tywyllwch o dan y ddaear. Trawai ei ben yn aml yn nho'r twneli. A bu'n rhaid iddo arafu bob yn hyn a hyn i rwbio'r pridd o'i wyneb. Wedi cropian am hir roedd arno eisiau bwyd. Wrth lwc roedd gan y twrch stôr dda o fwyd mewn gwahanol leoedd yn y twneli.

'Mae'n ddrwg gen i na chei di ddim gwneud tân i'w goginio,' meddai wrth Ahaiwte. 'Ond mae'n gas gen i fwg. Mae o'n llosgi fy llygaid bach i.'

'Popeth yn iawn,' atebodd y bachgen gan fwynhau pryd oer wrth orffwyso.

'Dyden ni ddim ymhell,' sibrydodd y twrch wedi i'r ddau ailgychwyn. 'Glywi di'r sŵn yna?'

Teimlodd yr Indiad y ddaear yn crynu o'i gwmpas.

'Daeargryn!' meddai wrth y twrch.

'Nage wir,' chwarddodd hwnnw. 'Y cawr, Llyncwr y Cwmwl, sy'n troi yn ei wely. Bydd di'n ddewr, ryden ni bron wrth ei gartref.'

Syrthiai cerrig a phridd i'r twneli wrth iddyn nhw nesu at y lle'r oedd y cawr hyll yn byw. Bu bron iddyn nhw gael eu claddu'n fyw am fod Llyncwr y Cwmwl mor aflonydd yn ei wely ac yn chwyrnu bob munud. O'r diwedd, daeth y bachgen a'i ffrind bychan i ben draw y twnnel ac i ystafell weddol fawr.

'O, diolch byth am fedru sefyll,' ebe Ahaiwte gan sythu ei gefn.

Ond yr eiliad nesaf daeth to'r ystafell i lawr yn isel a'i daro yn ei ben. Syrthiodd ar ei hyd.

'Be goblyn oedd hwnna?' gofynnodd.

'Y to sy'n codi a gostwng wrth i galon y cawr guro'n galed,' eglurodd y twrch daear. 'Ond sut yn y byd wyt ti'n mynd i'w ladd o o'r fan yma?'

Dangosodd y bachgen y bluen olaf iddo.

'Fe alla i yrru saeth o'r bwa'n well na neb yn y byd hefo help hon,' meddai.

Anelodd yn ofalus. Doedd hi ddim yn hawdd saethu ac yntau ar wastad ei gefn. Ond teimlodd ei freichiau'n cryfhau. Tynnodd linyn y bwa'n ôl ac yn ôl, ac yn ôl eto. Craffodd ar hyd y saeth hir. A phan gododd y to i ben yr ystafell, gollyngodd ei afael yn sydyn ar y saeth a'r llinyn. Clywodd Ahaiwte'r sŵn mwyaf ofnadwy. Ond wedyn aeth popeth yn ddu.

'O, deffra, deffra! Dwyt ti ddim wedi marw, gobeithio?' gwaeddodd y twrch daear arno.

'Ble'r ydw i?' gofynnodd yr Indiad gan ddod ato'i hun yn araf deg.

'Diolch byth dy fod yn fyw,' meddai ei ffrind caredig gan olchi'r briw ar dalcen y bachgen. 'Rwyt ti wedi lladd Llyncwr y Cwmwl. Dacw ei gorff yn gorwedd fel carreg yn y fan acw.'

'Be ddigwyddodd? Dydw i'n cofio dim,' ebe Ahaiwte.

'Aeth dy saeth yn union trwy'i galon! Ond disgynnodd carreg fawr ar dy dalcen yr un pryd, a dyma ti'n syrthio fel taset tithau wedi marw. Ond fe lusgais i di i fyny trwy'r twneli ac allan yma.'

'Diolch i ti am fy achub o'r pridd,' chwarddodd yr Indiad.

'Diolch i tithau am ladd y cawr,' atebodd y twrch. 'Ac edrych, y mae'r ddaear i gyd yn las unwaith eto a'r glaw yn disgyn.'

Cododd Ahaiwte a thyfodd yn ei ôl yn Indiad cryf.

'Dos i ddweud yr hanes wrth dy nain!' meddai ei ffrind bychan wrtho'n llawen.

Brysiodd yr hogyn adref gan gario'r plu. Cafodd groeso wrth gwrs gan ei nain a'r Indiaid Cochion eraill.

'Ti ydi'r mwyaf enwog ohonon ni i gyd,' meddai'r pennaeth. 'Ti laddodd y cawr a dod â'r lliw glas hyfryd yn ei ôl i'n gwlad.'

Roedd ar bawb eisiau dawnsio hefo Ahaiwte i ddangos mor falch oedden nhw. Ond arhosodd y bachgen gartref hefo'i nain i gael swper da a rhoi'r pedair pluen yn eu holau'n ddiogel i'r hen wraig annwyl.

Cato a Wabi

'Pam ydech chi'n crio, Cato a Wabi?' gofynnodd y plant eraill wrth chwarae un diwrnod.

'Mae Mam wedi marw,' atebodd Wabi, 'ac mae Dad yn mynd i briodi dynes arall cyn bo hir.'

'Ydi,' meddai Cato ei chwaer. 'Ac mae hi wedi ein gyrru o'n cartref am byth.'

'Dyna beth creulon i'w wneud,' ebe un o'i ffrindiau. 'Fasech chi'n hoffi dod i fyw i'n wigwam ni?'

'Dim diolch,' atebodd Wabi. 'Mae fy chwaer a minnau am fynd i fyw ymhell oddi wrth yr hen ddynes yna.'

Gafaelodd y bachgen yn llaw ei chwaer, ac i ffwrdd â nhw i'r goedwig.

'Paid ag ofni. Mi fyddwn ni'n siŵr o ddod o hyd i le da i godi ein pabell cyn iddi nosi,' meddai Wabi.

Doedd Cato ddim yn hoffi bod yn y goedwig. Roedd yn dywyll yno a phob math o synau i'w clywed, a'r rheini'n ei dychryn.

'Mae ysbrydion drwg yn y coed yma, Wabi,' meddai a'i llais yn crynu.

Ceisiodd y bachgen fod yn ddewr. Ond doedd yntau ddim yn hapus iawn chwaith. Gwasgodd law ei chwaer yn dynn gan ddweud:

'Edrych di ar y llawr ac nid o dy gwmpas. Weli di mo'r hen wynebau hyll yn sbecian rhwng y coed wedyn. Mi ddown ni allan o'r fforest ac i le clir i orffwys yn y munud.'

Cadwodd Cato ei llygaid ar y ddaear tra rhedai'r ddau ymlaen, law yn llaw.

'Edrych, Wabi,' galwodd yr eneth yn sydyn, 'mae ôl traed carw yn y fan yma.'

'Go dda wir,' meddai ei brawd. 'Mi ddilynwn ni nhw. Mi fyddan yn siŵr o'n harwain ni allan o'r hen goedwig hyll yma.'

Cyn bo hir, daethant i le heb lawer o goed yn tyfu ynddo. Doedd dim lleisiau annifyr yn unlle, na dim wynebau cas i godi braw arnyn nhw.

'Dyma wair esmwyth,' meddai Cato. 'Gawn ni godi'r wigwam yn y fan hyn? Mae'n dechrau nosi, ac mi rydw i wedi blino'n ofnadwy.'

'Fe hoffwn i gael diod o ddŵr cyn gwneud hynny,' ebe'i brawd gan ddal i ddilyn ôl traed y carw am ychydig.

Stopiodd y bachgen yn ymyl hen goeden dderw uchel. Gwelodd un o olion traed y carw'n llawn o ddŵr. Rhuthrodd Wabi ymlaen i'w yfed.

'Paid, paid ag yfed!' gwaeddodd Cato. 'Mae rhywbeth yn dweud wrtha i fod swyn drwg yn y dŵr yna.'

'Na, dŵr glaw glân ydi o siŵr,' atebodd ei brawd gan ei yfed.

Ond Cato oedd yn iawn.

'Bobol bach, mae ffwr gwyn yn tyfu arnat ti, a chyrn mawr ar dy ben!'

Oedd, yr oedd Wabi druan wedi troi'n garw gwyn. Methai siarad yr un gair. Ceisiodd ei chwaer dynnu'r ddau gorn hir i ffwrdd. Ond roedden nhw mor sownd â gwraidd y goeden dderw yn y pridd. Torrodd Cato'i chalon a bu'n crio nes iddi fynd i gysgu o'r diwedd yn ymyl y carw gwyn.

'Pwy sy 'na?' gofynnodd pan ddeffrôdd a chlywed llais yn y goeden uwch ei phen.

Roedd yn rhy dywyll i weld dim, ond gallai glywed llais dynes yn blaen, bob yn ail â sŵn y gwynt yn y brigau.

'Ha, ha,' meddai'r llais cras, 'dyma fi wedi cael gwared o'r plant am byth!'

'Y hi sy 'na,' sibrydodd Cato yng nghlust y carw. 'Y ddynes y mae Dad am ei phriodi. Ond nid dynes ydi hi, rwy'n siŵr, ond gwrach. Mae'n sicr i ti mai hi ddaru dy droi di, Wabi, yn garw.'

Ddaru Cato ddim symud llaw na throed, dim ond dal i wrando. Ac yna'n sydyn clywodd y llais o'r dail unwaith yn rhagor:

'Ho, ho! Yr unig ffordd i dorri'r swyn ar Wabi ydi drwy dorri'r goeden yma. Ond gan ei bod mor hen a thrwchus, fedr neb wneud hynny byth.'

Ceisiodd yr eneth ddringo'r goeden ond methodd. Yna peidiodd y llais. Distawodd y gwynt, a syrthiodd Cato i gysgu.

'Rydw i am geisio torri'r goeden i lawr,' meddai'r eneth wrth y carw drannoeth.

Chymerodd yr anifail ddim sylw ohoni, dim ond dal i bori'r gwair blasus wrth fôn y dderwen. Ond edrychodd yn hurt ar Cato'n ceisio torri'r goeden hefo'r fwyell fach oedd ganddi. Roedd y tomahôc yn rhy wan o lawer i wneud hynny.

'Daria, dyna hi wedi'i dryllio,' meddai'r eneth gan ei thaflu ei hun ar y gwair a chrio dros y lle.

Daeth y carw ati gan lyfu ei hwyneb. A rhoddodd Cato fwythau i'w ben.

'Piti na faset ti'n deall, ac yn gallu fy helpu,' ebe hi wrth ei brawd. 'Does dim i'w wneud ond codi cartref i mi fy hun, ac aros. Gobeithio y daw rhywun o rywle i'm helpu i dorri'r goeden.'

Aeth rhai dyddiau heibio. Âi'r carw i grwydro ymhell i chwilio am borfa ond gofalai ddod yn ei ôl bob nos at wigwam Cato.

'O, be sy'n bod?' gwaeddodd yr eneth ryw amser cinio gan redeg allan o'i phabell yn wyllt.

Indiaid yn hela oedd yno, ac roedden nhw bron â dal y carw gwyn. Clywai'r eneth si y saethau'n gwibio heibio i glustiau ei brawd.

'Stopiwch, yr hen bethau creulon!' llefodd gan redeg i sefyll rhwng y carw a'r Indiaid Cochion.

Daeth yr helwyr yn nes ati gan wneud cylch o'i chwmpas hi a'r carw. Yn sydyn camodd un o'r dynion ymlaen.

'Cato, Cato wyt ti!' meddai'n syn.

'Dad, y chi sy 'na?' gofynnodd yr eneth, yn methu coelio.

Wedi iddi adrodd yr hanes yn frysiog wrth ei thad,

dywedodd o wrthi ei fod wedi gwneud camgymeriad mawr.

'Ti sy'n iawn. Hen wrach ydi'r ddynes yna. Mae hi wedi ffoi oddi wrtha i ers dyddiau. Ac roeddech chithau eich dau wedi dianc cyn i mi gael cyfle i'ch rhwystro. Mae arna i eisiau i chi ddod adref i fyw hefo fi,' meddai.

'Ond rhaid troi Wabi'n ei ôl yn fachgen yn gyntaf,' llefodd yr eneth.

Bu'r Indiaid Cochion wrthi am hir yn ceisio cwympo'r dderwen. Ond hollti'n ddarnau mân wnaeth tomahôc pob un.

'Tân ddaw â hi i lawr,' penderfynodd y tad yn y diwedd.

Wedi cynnau coelcerth wrth fôn y goeden, llamodd y fflamau i'w phen fel rocedi'n ehedeg i'r gofod.

'Go dda,' gwenodd Cato pan welodd y goeden yn cracio ac yn syrthio'n swnllyd ar y ddaear.

Crynodd pob man fel yr oedd y dderwen yn cwympo. Ac wrth iddi ddisgyn, diflannodd y ffwr a'r cyrn oddi ar Wabi. Gwenodd yr Indiaid eraill wrth weld y plant a'u tad yn cofleidio'i gilydd.

'Diolch byth 'mod i wedi cael fy mrawd yn ôl,' meddai Cato gan grio unwaith eto.

Ond am ei bod yn hapus yr oedd y dagrau'n disgyn y tro hwn.

'Edrychwch ar y mwg,' sylwodd Wabi a'i lais yn swnio'n rhyfedd gan nad oedd wedi siarad ers dyddiau.

Codai cwmwl du o fwg uwchben y goedwig.

'Dacw dylluan fawr ddu'n hedfan ohono!' gwaeddodd ei chwaer.

'Y wrach ydi hi. Y wrach wedi troi'n dylluan,' atebodd

yr hynaf o'r Indiaid Cochion. 'A fedr neb ei throi'n ei hôl yn wrach nac yn ddynes byth eto!'

'Rydych chi'n iawn,' ebe tad y plant. 'Ac mae'n cael ei chosbi trwy orfod byw gyda'r ysbrydion drwg eraill yn y goedwig.'

Trodd yr Indiaid llawen am adref. A dawnsiai Wabi a Cato'n llon wrth ochr eu tad gan afael un ym mhob llaw iddo.

Lili'r Dŵr

Un tro, roedd yna bentre'n llawn o Indiaid Cochion hapus.

'Rydw i wrth fy modd yn tywynnu ar y pentref a'r wlad o gwmpas,' meddai'r haul. 'Ac mae'r merched yn canu'n llon wrth weithio, am 'mod i'n eu cynhesu nhw.'

'Oes, mae 'na le braf yno,' ebe'r glaw. 'Rydw innau'n hoffi llenwi'r afonydd a'r llynnoedd hefo dŵr er mwyn i'r dynion allu dal digon o bysgod.'

Roedd y lleuad yn ffrindiau mawr hefo pobl y pentref hefyd. Hoffai wrando arnyn nhw'n dweud straeon o amgylch y tân cyn mynd i gysgu. A rhoddai ddigon o olau i'r Indiaid Cochion ddawnsio'n gylch ambell noson.

'Ond mae'n golau ni'n rhy wan i ni allu eu gweld nhw,' meddai'r sêr yn ddigalon wrth y lleuad. 'Ryden ni'n byw mor bell oddi wrth yr Indiaid, yma yn yr awyr.'

Gan fod y lleuad yn digwydd bod mewn tymer dda, rhoddodd ganiatâd i'r sêr fynd am dro i weld y pentref hapus.

'Ond gwrandewch yn ofalus arna i,' meddai'r lleuad mewn llais pwysig. 'Mae croeso i chi fynd i weld yr Indiaid Cochion. Ond peidiwch â mynd yn rhy isel. Os cyffyrddwch chi â'r ddaear, fedrwch chi byth ddod adre'n eich holau, cofiwch. A bydd yr haul yn eich llosgi gyda'i saethau tân bore 'fory.'

Wedi addo bod yn ufudd, i ffwrdd â'r sêr am y pentref llon. Gan fod y lleuad yn llawn, roedd yn hawdd dod o hyd i'r lle.

'Dyma wlad o goed a blodau prydferth,' meddai un seren.

'Ie wir, ond piti na fydden ni'n gallu gweld yr Indiaid Cochion. Maen nhw'n cysgu o'r golwg,' ebe un arall.

Ond yr oedd un bachgen bach yn dal yn effro.

'Be ydi'r sŵn rhyfedd yna yn yr awyr, tybed?' meddyliodd. 'Mae fel tase 'na bobl yn sibrwd.'

Cododd o'i wely. Yna safodd ar flaenau'i draed i syllu drwy'r agoriad yn nho'r wigwam.

'O, dyna sêr tlws,' meddai. 'Welais i 'rioed rai'n disgleirio mor agos.'

Symudodd y bachgen un o'r polion a ddaliai'r babell er mwyn gweld yn well. Ond trawodd y pren yn erbyn un o'r sêr. Roedd hi wedi mentro'n rhy agos at y twll yn y to. A disgynnodd i mewn i wigwam yr hogyn. Trodd y seren yn eneth hardd yr eiliad honno.

'Dyna beth gwirion i'w wneud,' meddai hi'n gas, 'gwthio blaen y polyn i fyny fel'na, a'm taro i.'

'Arnat ti'r oedd y bai am ddod mor isel,' atebodd yr Indiad bychan.

Gwyddai'r ferch ei fod yn dweud y gwir. Roedd hi wedi cyffroi cymaint wrth weld y pentref hardd nes iddi anghofio am orchymyn y lleuad, pennaeth yr awyr yn y nos. Dechreuodd grio. Ffodd y sêr eraill am adre'n syth wedi gweld be oedd wedi digwydd.

'Dacw fy chwiorydd, y sêr, yn dychwelyd i'r awyr,' meddai hi gan ddal i wylo. 'Fedra i ddim mynd. A phan dywynna'r haul bore 'fory mi fydda i'n siŵr o gael fy llosgi'n farw gan ei saethau tân.'

'Paid â phryderu,' atebodd y bachgen caredig. 'Mi helpa i di drwy gau pob twll a chornel yn y wigwam 'fory. Ddaw pelydrau'r haul ddim o hyd i ti wedyn.'

'O, diolch i ti,' meddai'r ferch ifanc. 'Os gelli di 'nghadw i'n fyw tan nos 'fory, bydd popeth yn iawn. Fe alla i droi yn flodyn wedi i'r haul fachlud. Ond rhaid i mi ddianc oddi yma i ddechrau.'

'Sut gwnei di hynny?' gofynnodd ei ffrind.

'Mi a' i drwy'r agoriad yn nho'r wigwam,' ebe hithau. 'Mae gen i allu, wyddost, i wneud pethau rhyfedd.'

Synnodd y bachgen o glywed hyn.

'Mi a' i i fyw ar ben y graig uchel uwchben y pentref,' meddai'r eneth yn llawen. 'Gallaf dy weld ti a'r Indiaid Cochion eraill wedyn, ond i mi fod yn ofalus a chuddio 'mhen dan y dail os daw'r haul i chwilio amdana i.'

Drannoeth bu'r bachgen yn brysur drwy'r dydd yn gofalu nad oedd dim un o'r pelydrau poeth yn dod i mewn i'r wigwam. A phan aeth yr haul i'w wely'r noson honno, llithrodd yr eneth allan drwy'r to. Roedd y bachgen wedi gofalu cau'r twll yn ystod y dydd. A chan ei bod mor boeth, doedd dim angen gadael i fwg tân fynd allan o'r babell.

'Edrychwch, mae rhosyn gwyn newydd sbon yn tyfu ar y graig acw,' meddai un o blant yr Indiaid Cochion y diwrnod wedyn.

'Mae gen ti lygaid da i'w weld o'r fan hyn,' ebe'i fam wrtho o ddrws ei chartref. 'Wyt ti'n siŵr?'

'Ydw Mam, yn berffaith siŵr,' meddai'r bachgen. 'Ond mae'r rhosyn wedi cuddio'i ben y munud yma o dan y dail. Pam, tybed?'

Wyddai ei fam mo'r ateb, na neb arall ond un hogyn bach. Bu'r blodyn fyw'n hapus yno ar ben y graig am rai dyddiau. Roedd wrth ei fodd yn gweld merched yr Indiaid yn golchi dillad a gwneud bwyd. A gwyliai'r dynion yn hela byffalo neu'n pysgota. Ond yr hyn a hoffai fwyaf oedd edrych ar ei ffrind yn chwarae hefo'r plant eraill. Ond cyn hir dechreuodd y rhosyn gwyn deimlo'n unig.

'Mae arna i hiraeth am gwmni yn y fan yma,' meddai wrtho'i hun. 'Dim ond yr adar sy yma i siarad hefo fi.'

Dringodd ei ffrind, y bachgen bach, i weld y blodyn unwaith. Ond cafodd ffrae gan ei fam am grwydro mor uchel i le mor beryglus. A ddaru o ddim mentro wedyn.

'Plyga dy ben, ac fe alla i dy gario yn fy mhig,' meddai'r dryw bach wrth y rhosyn gwyn un diwrnod.

Y dryw oedd un o ffrindiau gorau'r blodyn ar y graig. Gafaelodd yn ofalus yn y rhosyn a'i gario yn ei big i'r pentref. Diolchodd yntau i'r aderyn am ei gludo i'r tir gwastad. Cyn hir daeth y rhosyn gwyn yn ffrindiau hefo'r holl Indiaid Cochion a'r anifeiliaid. Ond y bachgen bach oedd fwyaf gofalus ohono. Helpai'r blodyn i guddio dan y dail os oedd yr haul yn taro'n rhy boeth.

Yna'n sydyn un dydd, clywodd y rhosyn sŵn a godai ofn arno.

'Mae cannoedd o'r byffalo'n rhuthro am y pentref. Cuddia dy ben!' llefodd ei ffrind gan redeg am ei fywyd o ffordd yr anifeiliaid.

Crynai'r pentref wrth i garnau'r byffalo daro'r ddaear. Roedd yn union fel daeargryn. Wrth lwc chafodd neb o'r Indiaid ei ladd er i lawer o'u cartrefi gael eu chwalu.

'Rydw i'n lwcus 'mod innau'n fyw,' meddyliodd y rhosyn gwyn wedi i'r holl garnau fynd heibio iddo.

Cododd ei ben yn ofalus. Gwelodd fod llawer o flodau a phlanhigion o'i gwmpas wedi eu sathru a'u lladd.

'Dydw i ddim am aros yma,' meddai'r blodyn ar ôl gweld hyn. 'Mae'n fwy diogel ar y dŵr yn y llyn.'

Tyfai'r rhosyn ar lan llyn hardd. Ac yn awr cododd ei hun yn ofalus o'r pridd gan lithro i lawr y llechwedd. I mewn â fo i'r dŵr mor ysgafn â chanŵ tegan un o blant yr Indiaid. Nofiodd yn fodlon ar wyneb y tonnau wrth y lan gan fwynhau ei gartref newydd.

'Gwell i mi newid i fod yn lili'r dŵr,' ebe'r rhosyn wrth ei ffrind un diwrnod.

Safai'r bachgen ar y lan yn syllu ar hynny'n digwydd. Yna galwodd y plant eraill ato.

'Dyden ni erioed wedi gweld blodyn yn tyfu ar y llyn yma o'r blaen,' meddai un.

'Mae'r rhosyn wedi troi'n lili'r dŵr,' eglurodd ffrind y blodyn.

'O, mae'n union fel seren wen!' gwaeddodd un arall o'r plant.

Bu bron i'r bachgen bach ddweud mai seren oedd y lili unwaith. Ond ddaru o ddim. Roedd am gadw'r gyfrinach honno iddo'i hun.

Casur

Ers talwm doedd gan Casur y neidr ddim dannedd gwenwynig.

'Ha, ha, fedri di mo'n dal ni,' meddai'r pryfed wrtho pan agorai ei geg i geisio eu llyncu. 'Does gen ti ddim dannedd!'

Dechreuodd Casur druan grio wrth eu gweld nhw a'r anifeiliaid eraill yn gwneud sbort am ei ben.

'Does gen i ddim byd i rwystro gelynion rhag fy lladd,' meddyliodd yn ddigalon. 'Mae'r eryr yn gallu hedfan yn uchel, a'r carw'n medru rhedeg fel y gwynt. Ac mae'r arth yn gryf ac yn ennill wrth ymladd.'

Un o'r cwningod oedd yn ei boeni waethaf. Gafaelai yn Casur hefo'i dannedd miniog a'i droi a'i drosi uwch ei phen. Yna lluchiai'r neidr i ganol yr afon. Bu bron i Casur â boddi lawer gwaith. Dro arall, gwnâi'r gwningen dwll yn y tywod a chladdu'r neidr ynddo. Bu'r nesaf peth i Casur fygu fwy nag unwaith.

'Mi a' i i weld Dewin yr Ogof,' ebe Casur un noson pan oedd yr anifeiliaid eraill i gyd yn cysgu. 'Mae o'n gallu gwneud pob math o bethau. Ac mae'n siŵr o'm helpu.'

Wedi teithio drwy'r nos, daeth Casur at yr ogof lle'r oedd y dewin doeth yn byw.

'Fedra i ddim f'amddiffyn fy hun,' meddai Casur wrtho'n ddigalon. 'Does gen i ddim digon o nerth i ymladd yn erbyn yr anifeiliaid sy'n gwneud sbort am fy mhen ac yn ceisio fy mrifo. A fedra i ddim dianc yn ddigon cyflym oddi wrthyn nhw. Fedrwch chi 'ngwneud i'n fach, fach i mi gael cuddio yn y ddaear?'

'Mae gen i well syniad,' atebodd Dewin yr Ogof. 'Tyrd yn nes.'

Safodd yr hen ŵr. Lluchiodd bowdwr hud i fflamau'r tân, gan adrodd geiriau rhyfedd yr un pryd. Edrychodd Casur yn syn arno. Roedd y dewin o'r golwg bron ym mwg y tân.

'Agor dy geg,' meddai'r hen ŵr wrtho.

Cymerodd farwor poeth o'r tân a'u rhoi rhwng gwefusau Casur. Yn rhyfedd iawn, chafodd y neidr mo'i losgi. Ond teimlodd ddannedd main, mor finiog â nodwyddau, yn tyfu'n sydyn yn ei geg.

'Dyna ti, Casur,' ebe'r dewin. 'Mae gwenwyn yn cuddio yn y dannedd yma. Os brathi di anifail neu Indiad Coch sy'n elyn i ti, bydd yn marw'n syth. Ond paid â phoeni, fydd y gwenwyn ddim yn dy ladd di.'

Danfonodd y dewin y neidr at geg yr ogof.

'Diolch yn fawr i chi am wneud cymwynas â mi,' ebe Casur.

'Popeth yn iawn,' atebodd y dewin. 'Fydd arnat ti ddim ofn neb na dim o hyn ymlaen.'

Cychwynnodd Casur am adre'n hapus. A phwy ddaeth i'w gyfarfod ar y ffordd ond y gwningen honno a oedd bob amser yn sbeitlyd ac yn gas wrtho.

'I ble'r wyt ti'n mynd?' gofynnodd y gwningen. 'Welais i mohonot ti ers oriau.'

'Gad lonydd i mi. Rydw i ar fy ffordd adref,' atebodd y llall.

'Tyrd i chwarae,' chwarddodd y gwningen gan frathu Casur, fel arfer, yn ei gefn.

'Paid. Rydw i'n dy rybuddio di. Neu bydd yn edifar gen ti!' gwaeddodd Casur gan ddechrau colli'i dymer.

'O, dydw i ddim yn ddigon da i chwarae hefo ti, nac ydw?' holodd ei elyn yn gas gan ei frathu eto.

Yna'n sydyn, brathodd y neidr y pryfociwr. Llifodd y gwenwyn trwy'r danedd miniog, a chwympodd y gwningen yn farw ar y llawr.

'Dyna ni, mi a' i adref i gael cyntun 'rwan,' meddai Casur yn fodlon.

Cysgodd yn dawel a diogel am oriau'r noson honno. Ond ddaru'r un o'r anifeiliaid eraill gysgu'r un winc.

'Mi welais i be ddigwyddodd,' meddai'r wiwer wrth y lleill. 'Mae Casur yn gallu gwenwyno!'

'Arnon ni mae'r bai, am beidio â gadael llonydd i'r neidr,' ebe rhai o'r gwybed.

'Ond mae'n rhaid i ni wneud rhywbeth,' atebodd chwaer y gwningen a gawsai ei lladd, 'neu mi fyddwn farw i gyd.'

'Y peth gorau ydi gadael llonydd i Casur, a pheidio byth â mynd ar ei gyfyl,' meddai'r dylluan.

'Rydw i'n meddwl mai Dewin yr Ogof sy wedi helpu Casur,' sibrydodd un o'r llyffantod. 'Felly does ond un peth i'w wneud. Rhaid i ni ei ladd o. Ac mi laddwn y neidr wedyn.'

'Ie, lladd y dewin!' gwaeddodd y lleill gyda'i gilydd.

Wrth lwc deffrôdd Casur wrth glywed y fath weiddi. Deallodd ar unwaith be oedd y cynllun. Gwelodd y lleill yn cychwyn am ogof y dewin.

'Mi wn i am ffordd i gyrraedd yno o'u blaenau,' chwarddodd Casur wrtho'i hun.

Brysiodd i gartre'r hen ŵr doeth i ddweud yr hanes wrtho.

'Rhaid i ni ddianc o'r ogof yma ar hyd y llwybr sy'n mynd o dan y ddaear,' meddai'r dewin. 'Mi wn i am le diogel i ni'n dau ymhell o dan y pridd.'

Erbyn hyn roedd y gelynion i gyd y tu allan i'r ogof.

'Mae'r anifeiliaid cas wedi cyrraedd. Fedrwn ni ddim dianc. Mi gawn ein lladd!' gwaeddodd Casur mewn ofn.

'Dim peryg',' atebodd y Dewin.

Lluchiodd fwy o bowdwr ar y tân, ac adrodd y geiriau dieithr unwaith yn rhagor. Yr eiliad nesaf, agorodd twll mawr yn llawr yr ogof. Teimlodd Casur ei hun yn disgyn ymhell, bell. Wedi glanio yn y Wlad Dan y Ddaear, trodd y dewin at Casur gan ddweud:

'Yn y fan yma 'r ydw i am fyw. Dydi hi ddim yn ddiogel i mi ddod i fyny i wlad yr anifeiliaid a'r Indiaid Cochion. Ond fe ddangosa i'r ffordd yn ôl i ti. Gelli di fyw'n hapus yno gan fod gen ti ddannedd gwenwynig.'

Doedd Casur ddim yn fodlon gadael yr hen ŵr a fu mor garedig wrtho. Ond gwyddai na allai neidr fyw o dan y ddaear fel y gallai'r dewin. Ac yn ei ôl â fo i wlad yr Indiaid Cochion.

'Mi a' i i fyw i ogof y dewin,' meddai wrtho'i hunan.

A dyna wnaeth o. Cafodd lonydd gan yr anifeiliaid eraill byth wedyn. Ac ambell dro mae'n gwenu wrth eu clywed nhw a'r Indiaid Cochion yn gweiddi mewn dychryn:

'Mae'r mynydd ar dân!'

Mae o'n gwybod mai'r dewin sy wrth ei driciau bryd hynny. Neidia'r fflamau'n uchel i'r awyr o'r mynydd tân a chryna'r ddaear i gyd wrth i'r hen ŵr ddangos ei fod yn dal yn fyw o dan y pridd. Ond dim ond Casur y neidr sy'n gwybod y gyfrinach honno!

Yr Alarch Piws

Un tro, roedd un o'r hen Indiaid Cochion yn wael iawn.

'Fydda i ddim byw'n hir eto,' meddai wrth ei dri mab, 'ac rydw i am roi anrhegion i chi cyn marw.'

Rhoddodd dair saeth hud i'r dynion ifainc. Taid yr hen ŵr oedd wedi eu gwneud ers talwm.

'Edrychwch ar ôl y saethau,' ebe'r hen Indiad. 'Fe fyddan nhw'n siŵr o'ch helpu mewn trwbwl wedi i mi fynd i Wlad y Cysgodion.'

Bu'r hen ŵr farw'n fuan wedyn. Roedd gan ei dri mab hiraeth mawr ar ei ôl am ei fod wedi bod mor garedig. Ddaru'r un o'r tri gyffwrdd yn y saethau am hir wedi i'w tad eu gadael. Ond un noswaith aeth Ojibwa, y mab ieuengaf, allan i hela.

'Dacw ôl traed arth,' meddai wrtho'i hunan wrth frysio trwy'r coed.

Rhedodd am hir. A daliodd yr arth a'i lladd cyn i'r haul fachlud.

'Dyna olau piws rhyfedd yn yr awyr,' meddyliodd pan oedd ar ganol blingo'r arth.

Clywodd fiwsig tlws yr un pryd, fel tase'r gwynt yn canu telyn. Peidiodd â thynnu croen yr arth, a safodd i syllu a gwrando. Yna lluchiodd ei gyllell o'i law a brasgamu i gyfeiriad y lliw piws ar y gorwel. Roedd bron â cholli ei wynt pan ddaeth at lan llyn, a goleuni'r haul fel coelcerth ar y dŵr.

'Mae'r lliw piws ymhell yn y fan acw,' meddai Ojibwa gan syllu dros y tonnau.

O'r diwedd, deallodd y dyn ifanc mai alarch oedd yno.

'Alarch piws?' gofynnodd iddo'i hun. 'Welais i erioed alarch y lliw yma o'r blaen. Ac mae'n canu hefyd. Wyddwn i ddim fod gan alarch lais mor hyfryd.'

Cododd ei fwa, a saethodd at yr aderyn. Ond methodd bob tro. Cofiodd yn sydyn am anrheg ei dad. Rhedodd adref i nôl y tair saeth hud, a brysiodd yn ei ôl.

'Daria, dyna fi wedi methu eto,' meddai, wedi saethu'r ddwy gyntaf.

Syrthiodd y rhain i'r dŵr. Ond trawodd yr alarch piws hefo'r drydedd saeth. Wrth lwc ddaru o mo'i ladd o. Yna brysiodd i'r dŵr.

'Dacw fo'n hedfan i ffwrdd hefo un o'r saethau hud,' meddai Ojibwa wrth nofio'n ei ôl i'r lan.

Roedd wedi dod o hyd i'r ddwy saeth gyntaf yn y llyn, ac un o blu'r alarch hefyd.

'Arna i'r oedd y bai,' meddyliodd y dyn ifanc yn drist. 'Doedd gen i ddim hawl i geisio saethu'r aderyn. Rhaid i mi ddilyn yr alarch piws a chael y saeth yn ei hôl. Mi ga i goblyn o ffrae gan fy mrodyr os a' i adref hebddi.'

Bu'n chwilio am yr alarch am ddyddiau. Dangosodd rhai o'r Indiaid Cochion iddo i ble'r oedd yr aderyn wedi hedfan. Cafodd gysgu yn wigwam rhai ohonyn nhw yn y nos. Ac yna, o'r diwedd, daeth at gartref hen ŵr caredig iawn.

'Rydw i'n gwybod mai Ojibwa wyt ti,' meddai'r hen Indiad. 'Mae'r alarch piws yn byw heb fod ymhell oddi yma. Ond mae'n rhaid i ti fod yn ofalus. Merch brydferth oedd yr alarch ers talwm. A dewin ydi ei thad. Gwylia di— mae o mewn tymer ddrwg.'

'Pam felly?' holodd y llall.

'Mae o wedi colli croen ei ben wrth ymladd,' atebodd yr hen ŵr, 'ac mae ganddo boen ofnadwy.'

'Fedra i helpu, tybed?' gofynnodd Ojibwa.

'Os doi di o hyd i'r croen a'i roi'n ei ôl ar ei ben, bydd y dewin yn ddiolchgar iawn,' ebe'r gŵr. 'Ac fe gei di'r anrheg orau a gafodd neb erioed.'

'Be fydd yr anrheg?' holodd Ojibwa.

'Fe gei di weld os llwyddi di,' ebe'r hen Indiad. 'Ond cofia, os methi di, bydd y dewin blin yn siŵr o dy ladd di.'

Cododd Ojibwa'n fore drannoeth. Aeth yr hen ŵr i'w ddanfon ychydig o'r ffordd i gartre'r alarch piws a'r dewin.

'Paid â cholli'r bluen sy gen ti, cofia,' meddai wrth Ojibwa cyn troi'n ei ôl. 'Glywi di'r sŵn yna?'

Gwrandawodd yr Indiad dewr. Clywodd y dewin o bell yn griddfan mewn poen.

'Bydd yn ofalus. Mae o wedi brifo'n ddychrynllyd, cofia. Mi edrycha i ar ôl dy ddwy saeth di,' ebe'r hen ŵr wrth ffarwelio â'r llanc.

Aeth Ojibwa ymlaen nes cyrraedd wigwam y dewin a'r aderyn hardd.

'Rydw i wedi dod i'ch helpu,' meddai wrth y dyn. 'Wnewch chi ddweud wrtha i sut i gael hyd i groen eich pen?'

'Mae llawer o Indiaid ifainc wedi ceisio, ond methu fu hanes pawb,' atebodd y dewin. 'A lladdwyd pob un.'

'Rwy'n siŵr y galla i lwyddo,' meddai Ojibwa. 'Mae gen i bluen hud.'

'Gobeithio wir,' ebe'r hen ddewin. 'Rydw i mewn poen drwy'r amser. Os doi di o hyd i'r croen, cei'r drydedd saeth yn ei hôl, ac anrheg arall.'

Meddyliodd Ojibwa unwaith eto be, tybed, fyddai'r anrheg. Ond ddywedodd o ddim byd.

'Mae croen fy mhen gan fy ngelynion yn eu gwersyll,' sibrydodd y dewin wrtho. 'Os ei di'n gyflym i'r gogledd am dri diwrnod, fe weli di wersyll yr Indiaid creulon yma.'

Gadawodd Ojibwa'r dewin a'r alarch piws, a brysiodd ar ei daith. Ac ar ôl tridiau o redeg cyflym, gwelodd fwg yn codi uwchben gwersyll yr Indiaid a fu'n ymladd yn erbyn y dewin.

'Fedra i byth fynd yn nes na hyn i'r gwersyll heb iddyn nhw 'ngweld i,' meddyliodd Ojibwa'n drist. 'Mae 'na rai'n gwylio pob man.'

Cofiodd yn sydyn am bluen yr alarch piws. Gwyddai ei bod yn llawn hud fel y saethau. Tynnodd ei law'n ysgafn ar ei hyd fel rhywun yn rhoi mwythau i anifail anwes. A'r eiliad honno, trodd y dyn ifanc yn las y dorlan. Ehedodd yr aderyn i ganol y gwersyll a'r bluen hud yn ei big. Gwelodd groen pen y dewin ar ben polyn uchel yn ymyl rhyw wigwam.

'Mi alla i ddwyn y croen a'i gario yn fy mhig,' ebe glas y dorlan.

Ond pan ehedodd at ben y polyn, dechreuodd yr Indiaid anelu eu saethau ato.

'Rhaid i mi ffoi oddi yma neu fe ga i fy lladd,' meddyliodd gan ollwng y bluen ar y croen.

Glynodd y ddau yn ei gilydd, a chwythodd y gwynt y croen a'r bluen o'r gwersyll. Erbyn hyn roedd y glas y dorlan wedi cyrraedd brigyn coeden uchel ymhell o wersyll y gelyn. A glaniodd pluen yr alarch piws a chroen pen y dewin wrth ei ochr. Pan gyffyrddodd y bluen hud yr aderyn, trodd hwnnw'n ei ôl yn Indiad tal.

'Diolch byth am hynna,' meddai Ojibwa gan ddringo i lawr o'r goeden.

Ffodd yn ei ôl i wigwam y dewin a'r alarch gan ddal ei afael yn dynn yng nghroen pen y dewin.

'Ardderchog!' gwaeddodd y dewin pan gyrhaeddodd.

A'r funud y gosododd Ojibwa'r croen yn ei ôl ar ei ben, newidiodd yr hen ddyn i fod yn Indiad Coch ifanc a chryf. Aeth i nôl y saeth hud a'i rhoi i Ojibwa, gan wenu'n llon am fod ei boen wedi mynd am byth. Cychwynnodd Ojibwa redeg o'r wigwam hefo'r drydedd saeth.

'Rhaid i mi gofio galw hefo'r dyn caredig sy'n edrych ar ôl y ddwy saeth arall,' meddai wrtho'i hun. 'Bydd y tair gen i'n ddiogel i fynd yn f'ôl adref wedyn.'

Ond gwaeddodd yr Indiad arall arno:

'Oes arnat ti ddim eisiau'r anrheg?'

Trodd Ojibwa'n fyr ei amynedd gan ei fod ar frys. Ac yna gwelodd yr eneth ifanc harddaf yn holl wlad yr Indiaid Cochion.

'Ie, fy merch i ydi hi,' ebe'r dyn. 'Y hi oedd yr alarch piws. Newidiodd yn ei hôl yn eneth dlos wedi i ti gael croen fy mhen.'

Syrthiodd y ferch ac Ojibwa dros eu pennau a'u clustiau mewn cariad. Addawodd hithau ei briodi. Gafaelodd Ojibwa yn ei llaw a rhedodd hefo hi adref at ei frodyr i ddangos y saethau a'r anrheg orau a gafodd neb erioed.

Y Bêl Gopr

Un noson, deffrôdd y gigfran yn sydyn.

'O, mae'n oer ar ben y goeden yma,' meddai.

Ceisiodd ei gorau fynd yn ei hôl i gysgu. Ond yn sydyn clywodd sŵn siarad. Craffodd i'r tywyllwch, ond ni allai weld neb. Roedd pob wigwam yn dawel, a'r Indiaid ynddyn nhw'n cysgu'n drwm.

'Twt, dychmygu oeddwn i, mae'n siŵr,' ebe'r aderyn.

Ond pan oedd bron â syrthio i gysgu eto, clywodd y lleisiau wedyn.

'Y polion totem sy'n siarad hefo'i gilydd!' meddai'r gigfran.

Gwrandawodd yn ofalus. Y tu allan i bob wigwam roedd polyn uchel a llun adar ac anifeiliaid wedi eu cerfio ynddo. Credai'r Indiaid mai'r polion totem yma oedd yn dod â lwc dda iddyn nhw pan oedden nhw allan yn y môr yn eu canŵod yn hela morfilod. Synnodd y gigfran pan glywodd am be'r oedden nhw'n sgwrsio.

'Mae'r Indiaid yn mynd i gael anrheg 'fory.'

'Be ydi o?'

'Metel newydd, i wneud blaen da ar eu saethau.'

'Be ydi ei enw?'

'Copr—copr ydi enw'r metel newydd sbon.'

Tawelodd y polion, a mynd yn ôl i gysgu.

'Mae'n rhaid i mi gael gafael ar y metel newydd yma 'fory,' meddai'r gigfran.

Yna cysgodd hithau'n dawel ar y gangen. Drannoeth gwelodd yr aderyn yr Indiaid yn dawnsio o amgylch y polion totem. Sylwodd hefyd ar y bwyd a'r ddiod a'r blancedi roedd y bobl yn eu gosod wrth droed pob polyn. Dyna sut roedd yr Indiaid yn diolch am fedru dal cymaint o forfilod. Ond yn sydyn dyma'r chwerthin a'r dawnsio'n peidio.

'Edrychwch! Be sy allan yn y môr yn y fan acw?' gwaeddodd pennaeth yr Indiaid Cochion.

Trodd pob wyneb i edrych. Cododd y gigfran hithau ei phen uwch y dail ar y goeden i gael gweld yn well.

'Ysbryd ydi o!' meddai un o'r merched yn ofnus.

Roedd pêl fawr yn ehedeg tuag atyn nhw drwy'r awyr uwchben y môr. Disgleiriai fel tân gan ddod yn nes ac yn nes, fel llong ofod yn hedfan o blaned arall. Syrthiodd yr Indiaid i gyd ar y ddaear mewn dychryn. Ond gwyddai'r gigfran be oedd o. A chlywodd un o'r polion totem yn siarad unwaith eto.

'Anrheg ydi hwn. Ewch ar ei ôl cyn iddo ddiflannu o'r golwg,' ebe'r polyn wrth yr Indiaid.

Ond cyn i'r un ohonyn nhw gael cyfle i redeg am ei ganŵ i geisio dal y bêl gopr, cododd y gigfran i'r awyr.

'Y fi biau'r bêl,' meddai gan osod ei dwy grafanc yn dynn ar y belen gopr.

Cododd yr Indiaid Cochion eu bwâu a'u saethau i geisio lladd y lleidr. Ond roedd y bêl yn rhy drwm i'r gigfran, a syrthiodd y metel i'r môr. Trodd y pennaeth at yr Indiaid ifainc.

'Bydd y cyntaf ohonoch i godi'r metel o'r dŵr yn cael priodi Blagur y Llyn,' meddai.

Enw merch hardd y pennaeth oedd Blagur y Llyn. Gwthiodd yr Indiaid ifainc eu canŵod i'r dŵr a rhuthro mor gyflym â siarc drwy'r tonnau. Roedd pob un am geisio cael y copr er mwyn priodi merch y pennaeth. Wedi iddyn nhw fynd, dechreuodd Blagur y Llyn grio.

'Be sy'n bod?' gofynnodd un o'r polion totem iddi.

'Does arna i ddim eisiau priodi neb ond Marchog y Don,' meddai'r eneth ifanc.

Aeth ar ei gliniau o flaen y polyn. Marchog y Don oedd enw ei chariad. Roedd o wedi mynd ymhell yn ei ganŵ i hela morfilod. Ond disgwyliai Blagur y Llyn ei weld yn dod yn ei ôl yn fuan.

'Fedrwch chi ein helpu ni'n dau i gael y bêl gopr?' gofynnodd i'r polyn.

'Medraf, ond i ti wrando'n ofalus.'

Gwnaeth Blagur y Llyn yn union fel roedd y polyn wedi dweud wrthi. Y hi, ac nid ei chariad, oedd i fod i gael y bêl yn ei hôl. Gwisgodd ddillad un o'i brodyr a rhoi clai ar ei hwyneb.

'Fydd neb yn fy nabod fel hyn,' meddai'n dawel wrthi'i hun.

Rhedodd nerth ei thraed am ganŵ, a'i wthio i'r dŵr. Ond cyn gynted ag yr oedd ar y môr, daeth storm ofnadwy. Roedd y canŵ'n cael ei daflu i fyny ac i lawr fel tase fo ar drampolîn.

'O, rydw i'n boddi!' gwaeddodd yr eneth.

Roedd y polyn totem wedi dweud wrthi y byddai hyn yn digwydd. Ceisiodd ei gorau i fod yn ddewr, er bod y tonnau o'i chwmpas fel mynyddoedd.

'O, dyna biti,' meddai pan welodd fod canŵod pob un o'r bechgyn ifainc wedi dymchwel.

Roedd bron â thorri ei chalon am fod yr Indiaid wedi boddi i gyd. Ond erbyn hyn roedd wedi cyrraedd y fan lle'r oedd y polyn totem wedi dweud wrthi y byddai'r bêl. Edrychodd i lawr i'r dŵr.

'Dacw hi!' gwaeddodd yn uwch na sŵn y gwynt yn sgrechian fel gwrach wedi gwylltio.

'Mae'n syndod 'mod i'n gallu ei gweld yn y fath storm,' meddai wedyn. Cododd yr harpŵn a oedd ganddi yn y canŵ, a'i luchio i waelod y môr. Aeth ei flaen yn syth i'r belen gopr a glynu ynddi. Yna tynnodd yr eneth ar y rhaff a oedd yn sownd yn yr harpŵn. A chododd y metel o waelod y dŵr. Erbyn hyn roedd y storm wedi gwaethygu. Codai'r tonnau fel ceffylau gwyllt y paith wrth geisio eu gorau i'w rhwystro hi rhag cyrraedd yn ei hôl i'r lan. Ond roedd Blagur y Llyn yn benderfynol iawn, a rhwyfodd yn galed. Rowliai'r belen yn ôl ac ymlaen yng ngwaelod y canŵ. Ond o'r diwedd, cyrhaeddodd yr eneth y traeth.

'Ardderchog! A diolch byth dy fod wedi cyrraedd yn ddiogel,' meddai ei thad wrthi.

Gan fod ei phenwisg wedi disgyn yn ystod y storm, roedd pawb wedi deall mai Blagur y Llyn oedd hi. Erbyn hyn roedd pobl y pentref i gyd wedi dod at fin y dŵr. Cododd y pennaeth y bêl gopr yn ofalus o'r canŵ. Dangosodd hi i'r Indiaid.

'Mae Blagur y Llyn wedi cael ein hanrheg yn ôl!' medden nhw hefo'i gilydd.

Pwy ddaeth o rywle'r eiliad honno ond y gigfran. Ehedodd mor sydyn â saeth o'r awyr a chipio'r metel o ddwylo'r pennaeth. Edrychodd yr Indiaid yn syn ar y lleidr yn dwyn eu hanrheg am yr ail dro.

'Mae'n rhaid bod ysbrydion drwg yn ei helpu,' ebe rhywun. 'Doedd hi ddim yn gallu cario'r bêl y tro cyntaf.'

'Ha, ha,' chwarddodd y gigfran, 'chewch chi byth mo'ch anrheg yn ôl!'

Anelodd yr Indiaid eu saethau at yr aderyn. Ond roedd brig y goeden yn rhy uchel iddyn nhw allu ei gyrraedd a lladd y lleidr.

'Gwnewch le i mi!' gwaeddodd rhywun o'r tu ôl i Flagur y Llyn.

Trodd yr eneth, a gwelodd ei chariad yn rhedeg tuag ati.

'O, Marchog y Don! Ble'r wyt ti wedi bod?' meddai hi.

'Newydd ddod yn f'ôl o daith hir yn hela'r ydw i,' atebodd.

Wedi deall be oedd wedi digwydd, aeth Marchog y Don yn nes at y goeden lle'r oedd y gigfran. Dechreuodd yr Indiad wneud sbort am ben yr aderyn. Cododd hwnnw ei ben yn sydyn. A dyna'n union be oedd ar Marchog y Don ei eisiau. Mewn eiliad roedd saeth o'i fwa wedi trywanu gwddw'r gigfran. Syrthiodd yr aderyn yn swp marw wrth fôn y goeden. Cwympodd y bêl hefyd a thorri'n ddarnau.

'Wel, dyna hen dro,' meddai'r pennaeth.

Edrychodd pawb yn drist ar yr anrheg wedi malu'n deilchion.

'Peidiwch â phoeni,' ebe un o'r polion totem.

Eglurodd y polyn y byddai'n haws i'r Indiaid wneud blaen main i'w saethau hefo'r darnau bach o gopr. Wedi deall hyn, rhuthrodd yr Indiaid Cochion i hel y darnau metel gwerthfawr. Bu dawnsio am oriau o gwmpas y polion totem. Ac nid oedd neb yn dawnsio'n hapusach na Blagur y Llyn a Marchog y Don.

Triciau Wihio

'Mae'n dal i fwrw eira,' meddai mam Wihio wrth ei dad un diwrnod.

'Ydi,' atebodd yntau. 'Mae hi'n lluwchio ers dyddiau. A does dim posib' gweld ôl traed yr anifeiliaid yn yr eira gan fod y gwynt yn chwythu cymaint.'

Roedd ar y tri eisiau bwyd. Doedd tad Wihio ddim wedi gallu hela anifeiliaid i gael cig i'w fwyta. Ac roedd newydd droi ei droed yn yr eira trwchus, ac yn methu symud.

'Rydw i am fynd i bysgota i Afon yr Arth,' meddai Wihio. 'Mi hoffwn i gael pysgodyn i swper.'

'Ond mi fydd yr afon wedi rhewi,' ebe'i fam. 'Ac mae'r hen arth fawr yn byw ar y lan. Gwell i ti aros gartref.'

Er i'w rieni wneud eu gorau i'w berswadio i beidio â mynd, i ffwrdd â Wihio i'r gogledd.

'Gan fod 'nhad wedi brifo, mae'n rhaid i mi fynd,' sibrydodd wrth ei fam cyn cychwyn. 'Mi dorra i dwll yn y rhew a dod â physgod adref i ni'n tri i swper.'

Gan fod y rhew mor drwchus, cerddodd y bachgen i ganol Afon yr Arth. Torrodd dwll, a dechrau pysgota'n hapus. Yna clywodd sŵn rhywbeth yn croesi'r rhew tuag ato. Trodd ei ben, a gwelodd yr arth yn nesu'n ddistaw. Ond doedd ar Wihio mo'i hofn hi. A phenderfynodd chwarae tric arni.

'Y fi biau'r afon yma!' rhuodd yr arth dros y lle. 'Does gen ti na neb arall ddim hawl i bysgota ynddi. Dos adref, neu mi ladda i di!'

'Rydw i wedi dod yma'n unswydd i dy helpu di,' meddai Wihio wrthi. 'Mae'r anifeiliaid i gyd yn dweud nad wyt ti'n gallu dal llawer o bysgod hefo dy bawen.'

Edrychodd yr arth yn syn ar yr holl bysgod yr oedd yr hogyn eisoes wedi eu dal.

'Mi hoffwn i fedru dal cymaint â thi,' atebodd. 'Pan fydda i'n rhoi fy mhawen yn y twll yn y rhew, mae'r rhan fwyaf o'r pysgod yn dianc.'

'Tyrd yn nes,' ebe Wihio, 'i mi gael dangos i ti sut rydw i'n gwneud.'

Gwyliodd yr arth yr Indiad ifanc yn rhoi abwyd arall ar y bach pysgota, ac yna'n taflu'r lein i'r dŵr trwy'r twll yn y rhew.

'Edrych ar y gleisiad tew rydw i newydd ei ddal,' meddai Wihio.

Tynnodd hyn ddŵr o ddannedd yr arth. Llyfodd ei gweflau gan ddweud:

'Hyfryd iawn, yn wir. Ond fedra i ddim defnyddio gwialen bysgota fel ti.'

'Tro di dy gefn ar y twll, a gollwng dy gynffon i'r dŵr,' meddai Wihio'n slei. 'A phan deimli di bysgodyn yn gafael ynddi, tynn dy gynffon yn sydyn o'r twll.'

'Dyna syniad ardderchog,' atebodd yr anifail heb feddwl, gan wneud fel y dywedai'r bachgen.

'Mae pysgodyn wedi gafael ym mlaen fy nghynffon!' gwaeddodd yn llawen ymhen ychydig.

Gwenodd Wihio. Ond ddywedodd o ddim byd.

'Fe arhosa i nes y bydd wedi cydio'n iawn,' meddai'r arth wedyn.

Yna, ceisiodd godi ei chynffon.

'Fedra i mo'i symud!' llefodd ar y bachgen. 'Mae 'na bysgodyn mawr yn sownd ynddi. Tyrd i'm helpu!'

'Ha, ha,' atebodd Wihio. 'Nid pysgodyn sydd yna. Dy gynffon di sy wedi rhewi'n sownd yn y twll. Dyna ddysgu gwers i ti am fod yn gas wrth anifeiliaid a phobl.'

'Aros di i mi dy ddal am chwarae'r fath dric arna i!' rhuodd yr arth.

Casglodd Wihio'r pysgod roedd wedi eu dal, a brysiodd adref. Cafodd groeso cynnes gan ei rieni. Mi aethon nhw i'r gwely'r noson honno'n hapus wedi cael clamp o swper blasus. Ond chafodd yr arth ddim pryd o fwyd. Syrthiodd yn swp ar y rhew wrth ddal i geisio tynnu'i chynffon o'r twll. Pan ddaeth honno'n rhydd o'r diwedd, roedd y rhan fwyaf ohoni wedi mynd. A chynffon fach fu gan bob arth o hynny allan!

Chafodd Wihio ddim cyfle i chwarae tric wedyn am hir. Ond pan ddaeth y gwanwyn, penderfynodd fynd i chwilio am y dylluan hyll.

'Mae hon yn un greulon iawn,' meddai'r Indiaid wrtho. 'A dwyn plant bach mae'n hoffi'i wneud orau.'

Gan na wyddai neb ble'r oedd hi'n byw, rhoddodd Wihio ddillad plentyn amdano a disgwyl amdani. A'r noson honno, am hanner nos, daeth y dylluan fawr hyll a chipio'r hogyn.

'Dyma ti yn fy nyth ar ben y graig,' meddai wrth Wihio wedi cyrraedd ei chartref. 'Rydw i'n edrych ymlaen at dy gael di i frecwast.'

Ond doedd ar Wihio ddim ofn hon chwaith. Roedd wedi paratoi popeth yn ofalus cyn cael ei ddal gan yr aderyn. Agorodd y bag oedd ganddo wrth ei wregys, a rhoi ei law ynddo.

'Be sy gen ti yn y fan yna?' holodd y dylluan yn fusneslyd.

'Siwgr,' atebodd y bachgen gan lyfu'i fysedd, 'ac mae blas ardderchog arno. Oes arnat ti eisiau peth? Mae'n fwy blasus o lawer na bwyta plant bach fel fi.'

Rhoddodd yr aderyn creulon ei big yn syth yn y bag. Ond roedd gan Wihio rywbeth arall ynddo heblaw siwgr. Glud du oedd hwnnw. Doedd o ddim wedi ei ddangos i'r dylluan.

'Ho, ho, dyna dy big di'n sownd ynddo!' chwarddodd y bachgen gan ddringo'n gyflym o'r nyth.

Llithrodd i lawr y graig a rhedeg adref. Dywedodd wrth bawb a welai am y tric a chwaraeodd ar y dylluan. Doedd neb arall yng ngwlad yr Indiaid Cochion yn hoffi'r aderyn yma chwaith. A dawnsiodd yr anifeiliaid a chanodd y bobl yn llawen am oriau.

'Diolch i ti, Wihio,' medden nhw, 'am ddysgu gwers i un arall o'n gelynion, y dylluan hyll.'

Roedd y bachgen yn ddigon call i beidio â mynd yn agos at gartre'r arth na'r dylluan wedyn. Doedd arno mo'u hofn nhw ond clywsai eu bod am ei waed. Felly cadwodd draw.

'Y mae yna un gelyn arall yr hoffwn i wneud hwyl am ei ben,' meddyliodd un diwrnod. 'Y crocodil ydi hwnnw.'

Roedd yr anifail peryglus hwn wedi llyncu a lladd llawer o ffrindiau Wihio.

'Yn y gors mae o'n byw. Mae'n rhaid i mi fod yn ofalus,' meddai'r bachgen pan gychwynnodd gyda'i fag i chwilio am ei elyn.

Cuddiai'r crocodil yn llonydd yn y dŵr. Clywsai fod Wihio'n dod, ac roedd yn barod amdano. Daeth yr hogyn yn nes ac yn nes. Agorodd y bwystfil ei geg yn araf deg. Pan oedd Wihio'n glòs yn ei ymyl, agorodd y crocodil hi led y pen. Wrth lwc, gwelodd Wihio hyn mewn pryd.

'Bu bron i mi lithro i mewn i'r hen geg fawr yna,' meddyliodd. 'Mae hi'n fwy na'n wigwam ni gartref.'

Ceisiodd ddianc trwy'r dŵr a'r llaid. Ond roedd yn anodd symud trwy'r gors.

'Ha, ha! Ei di ddim ymhell,' ebe'r crocodil. 'Tyrd yma i mi gael dy lyncu i ginio.'

Ond unwaith eto, roedd gan Wihio gynllun.

'O, dyna ddannedd hardd,' meddai wrth y llall. 'Dydw i erioed wedi gweld rhai'n sgleinio mor loyw. Agor dy geg yn lletach, i mi gael eu gweld yn well.'

Tric oedd hyn, ond wyddai'r crocodil mo hynny. Agorodd Wihio'i fag yr un pryd ag yr agorodd yr anifail ei geg led y pen unwaith eto. Tynnodd y bachgen garreg finiog allan, a lluchiodd hi i geg y crocodil. Glynodd y garreg fawr rhwng ei ddannedd.

'Ho, ho, fedri di ddim cau dy geg!' gwaeddodd yr hogyn.

Roedd hanner tafod y bwystfil yn hongian allan. Torrodd Wihio fo i ffwrdd hefo'i gyllell. A thafod bach fu gan bob crocodil o hynny allan! Chwipiai'r creadur ei gynffon yn y dŵr gan weiddi am ei fod wedi brifo. Ceisiodd ladd Wihio hefo'i draed a'i gynffon. Ond rhedodd hwnnw adre'n fodlon. Ac ymhen ychydig ddyddiau, gwyddai pawb am y tric yma hefyd.

'Ydi, mae'r crocodil yntau wedi dysgu gwers, gobeithio,' meddai Wihio wrth yr Indiaid Cochion tra dawnsiai'n llawen unwaith yn rhagor. 'Ond cofiwch, os ydi o wedi colli hanner ei dafod, mae ei ddannedd miniog mawr ganddo o hyd.'

A dyna'r rheswm pam y cadwodd Wihio a'r lleill mor bell ag y gallen nhw oddi wrth bob crocodil byth ar ôl hynny.